Valérie Gervais

Valérie Gervais
1996 (sec 1)

D1341006

Allegro

Félix Leclerc

Allegro

Nouvelle édition

Introduction
de Lucille Guilbert

BQ

BIBLIOTHÈQUE QUÉBÉCOISE

Bibliothèque québécoise inc. est une société d'édition ad-
ministrée conjointement par la Corporation des Éditions
Fides, les Éditions Hurtubise HMH Ltée et Leméac Éditeur.

Illustration de la couverture : Évelyne Butt.

DÉPÔT LÉGAL : TROISIÈME TRIMESTRE 1989
BIBLIOTHÈQUE NATIONALE DU QUÉBEC

ISBN : 2-89406-019-X

Présentation

« Je t'ai appris le soleil, la lune, les points cardinaux, la tempête, la brise. Tu as grandi, grandi », dit le brin de blé à sa compagne. Félix Leclerc, le poète de l'espoir, convie le lecteur à une triple quête : la quête de soi, la quête de l'autre et la soif de Dieu. Il propose cet itinéraire à travers champs et forêts où évoluent les bêtes, « nos frères intérieurs[1] ». Tout un bestiaire s'anime et réveille en nous un instinct de vie animal, à l'état brut. Ils aiment, ils souffrent, ils meurent, ils veulent vivre : « Tout autorise à penser que les faces les plus inexpressives des bêtes cachent une vie intérieure qui macère dans des joies et des épreuves dont les nôtres sont le prolongement[2] ». Dans la nature, les animaux ont-ils besoin d'être déguisés en hommes pour souffrir et pour aimer ?

Félix Leclerc présente dans *Allegro* des récits d'animaux qu'il a identifiés comme des fables. Il les rattache volontairement à une tradition littéraire. Ni bestiaire ni contes d'animaux, mais fables. En inscrivant ses récits dans ce genre didactique, il suggère au lecteur une piste de lecture. Dans les bestiaires, particulièrement au Moyen

---

1. L'expression est de Michel DAMIEN, *L'animal, l'homme et Dieu.* Paris, Éditions du Cerf, 1978.

2. *Ibid.*, p. 107.

Âge, les animaux sont décrits selon leurs caractéristiques, leurs « natures » qui « signifient » un comportement religieux, une réalité métaphysique, une croyance dogmatique. Le genre didactique des bestiaires « ne décrit le monde que pour le constituer en réseau symbolique signifiant à l'homme son destin et la grandeur de Dieu[3] ». Le renard fait le mort pour mieux attraper les oiseaux et représente le Diable par sa tromperie ; le mot loup signifie « enlever de force », le lion exprime la générosité du Créateur, et ainsi de suite. Alors que le bestiaire est descriptif et explicatif, la fable, dans son acception habituelle, est un récit court qui met en scène des plantes, des objets, des animaux, parfois des hommes et est destinée à instruire, à éduquer. Elle présente une situation conflictuelle entre deux forces antagonistes ; le conflit se noue et se dénoue en une brève séquence par la victoire totale d'un personnage et par l'échec définitif de l'autre[4]. Morten Nøjgaard définit la fable comme « un récit fictif de personnages mécaniquement allégoriques avec une action morale à évaluation[5] ». Les personnages figurent d'autres êtres qu'eux-mêmes et, pour faciliter la compréhension de l'allégorie, l'animal représente un type : le renard incarne la ruse, le loup, la brutalité et la voracité. L'action est morale parce qu'elle concerne les rapports

3. Gabriel BIANCIOTTO, *Bestiaires du Moyen Âge*. Paris, Stock Plus, 1980, p. 7.

4. Lucille GUILBERT, « La ruse dans les contes d'animaux et dans *Le Roman de Renart* », thèse de Ph.D., Québec, Université Laval, 1982, f. 82-90 ; « Le conte populaire et ses approches méthodologiques », *Canadian Folklore Canadien*, vol. 3, n° 1, 1981, p. 16-45.

5. Morten NØJGAARD, *La fable antique*. København, Busk, 1964, vol. 1, p. 82.

humains et qu'elle nécessite un choix ; « le personnage de la fable est toujours un être de raison, doté d'une volonté libre et de la possibilité du choix qui en découle[6] ». Ainsi la fable présente une situation conflictuelle, concernant les rapports humains, dans laquelle un des personnages doit effectuer un choix. La signification du choix est inscrite dans la structure même de la fable par une action finale ou par une réplique finale qui viennent évaluer l'action, une évaluation toujours négative. Le personnage de la fable fait le mauvais choix, entraînant par conséquent la victoire de son séducteur. Dans la vie il y a des perdants et des gagnants. Selon Morten Nøjgaard, le lecteur s'identifie au perdant et en tire la leçon pour son propre comportement.

En nommant les récits d'*Allegro* « fables », Félix Leclerc nous amène à reconsidérer l'acte même de choisir. Dans un sens, ces récits sont effectivement des fables : même si elles se rapprochent du conte d'animaux par leur longueur et le développement des dialogues, elles présentent une situation conflictuelle qui met un personnage devant l'obligation de choisir. L'action est évaluée dans une sentence morale. Pourtant ces récits sont subversifs par rapport à la structure classique de la fable. Dans *Allegro*, les animaux ne sont pas montrés dans un comportement stéréotypé, ils ont leurs contradictions et ils grandissent : le crapaud est laid mais bon ; le mouton n'exprime plus la soumission mais la révolte, alors que la chèvre lui enseigne une liberté intérieure, au-delà des apparences ; le lièvre est peureux, pourtant il apprend à travers l'amitié de l'ours le courage de vivre et la sérénité

---

6. *Ibid.*, p. 74.

devant la mort ; les fourmis besogneuses désertent leurs galeries souterraines pour badiner ; un chien est d'abord vantard et fanfaron, puis il se bonifie au contact d'un autre chien fort et conscient de l'humilité du quotidien ; l'ours ne représente plus la bêtise, sa vie d'ermite des bois l'a rendu sage et attentif à tout ce qui vit. Les fables d'*Allegro*, sauf une, « Drame dans l'herbe », se terminent sur une situation heureuse. Le personnage a fait le bon choix, il n'est pas un perdant et le lecteur qui s'identifie à lui s'identifie donc à un gagnant. De plus, contrairement à ce qui se passe dans la fable classique, le personnage n'a pas à choisir entre adopter un bon comportement ou en adopter un mauvais (sauf dans « Drame dans l'herbe ») ; il doit parfois choisir entre un bon comportement et un autre bon comportement (« Le rival ») ; le plus souvent, le personnage est conduit à choisir entre l'apparence d'une chose et sa vérité. La transformation du récit ne s'effectue que rarement par une action ; dans chaque fable, il s'agit de la quête d'un savoir et la transformation est accomplie par un discours, une parole agissante qui intervient dans la conscience du personnage choisissant. Le personnage qui prodigue ce discours réflexif s'apparente souvent à l'ermite dans sa vision de la vie et de la mort assumée par l'expérience, par l'amour et par la solitude. Que ce soit le crapaud de « Sanctus », la chèvre de « Chez les moutons », le vagabond Longue-Haleine dans « Le rival », l'Ermite, le vieux poète des fourmis dans « Drame dans l'herbe », l'ours solitaire du « Coucher de soleil » ou encore le Patriote, grand orignal de la forêt, le personnage est investi de la puissance transformante de la parole qui rend effective la liberté du choix.

Le choix de mourir

Ce conseiller éclaire le candidat sur ce qu'il désire vraiment au fond de lui-même et l'amène à choisir la vie par le refus de l'agitation et du mirage de l'éphémère qui conduit à la mort ; le choix de la vie se fait par amour altruiste et par fidélité à soi, dans une quête de l'essentiel. Le brin de blé se révolte contre la mort, et il veut vivre ? Très bien, mais qu'est-ce que la vie ? Garder ses fruits pour soi, geler et pourrir stérile, est-ce la vie ? Vivre, n'est-ce pas plutôt se donner totalement, transformer en vie sa mort personnelle, être utile, porter fruit et donner vie ? Le brin de blé peut être fier d'être « le pain quotidien », sa vie n'a pas été vaine (« Sanctus »). Mais il est si difficile d'apprendre à mourir ! Tout comme le brin de blé crie sa révolte contre la faucheuse du lendemain, le petit lièvre pleure sa peur de la mort au point de désirer être broyé rapidement par les dents de l'ours. Pourtant l'amitié de Poilu, l'ermite de la forêt qui l'accompagne dans son voyage, lui donne la force, plus tard, de braver les dangers de la forêt pour rendre visite à son ami. Pressé et son frère assistent sans comprendre à la mort de l'ours et s'émerveillent de cette grande chose qui se passe dans le mystère de la forêt. La mort paisible de l'ours pris dans un piège transforme la peur de la mort qui tenaille le lièvre en une sérénité devant la mort. La présence d'un ami, l'abandon à la loi de la nature permettent de regarder la mort parce qu'ils donnent un sens à la vie.

La peur de la mort reflète la peur de vivre. Le petit lièvre appelle la mort tellement il a peur d'avoir peur, la demoiselle écureuil pense enterrer ses jours dans un monastère à cause d'un amour déçu. En fait son choix de quitter le monde camoufle un désir de vivre plutôt qu'un désir de mourir. Lorsque Siffleux lui propose de se suicider en se laissant tomber d'une haute branche ou qu'il lui affirme que tous la suivront au monastère parce que tous ont des peines à pleurer, elle prend conscience du courage de vivre. Roussette exprime toutes les amours qui n'en finissent plus de mourir. Comment vivre après une peine d'amour, qu'il s'agisse de la mort d'un amour ou de la mort d'un être aimé, conjoint ou enfant ? « Perdre quelqu'un qu'on aime, qui nous aime, c'est plus dur que de discontinuer son amour à quelqu'un qui n'en est pas digne... » (« Chez les siffleux »). Les peines sont précieuses comme le grain de sable que l'huître blessée transforme en perle. Affronter la mort d'un être cher est encore plus difficile qu'affronter sa propre mort, la vie qui en jaillit est encore plus mystérieuse que toute naissance. Seule la lueur aide à réorienter son désir vers la vie, parce qu'on n'est pas seul, parce qu'« il faut qu'il y ait encore des oiseaux dans les bois », « ce serait triste si un jour il n'y avait plus de chevreuil dans les bois » (« La vallée des Quenouilles »).

Vivre le quotidien ou l'apprentissage de la liberté

Au cours de la vie, jusqu'à la mort, il y a le quotidien, les entraves à la liberté égoïste, les petites misères, les petites morts, le banal, le terne et la tentation de l'extraordinaire, du spectaculaire, de l'exceptionnel. Le chien Tigre se présente aux animaux de l'étable : « Vous n'avez pas vu mes médailles ? Je suis le Tigre, ancien champion *leader* du *derby* international. Vous avez devant vous un héros des *derbys* de chiens ». Mais le lendemain il se fait battre par le maître pour n'avoir pas travaillé. Douloureux choix que celui de renoncer à l'exploit glorieux de trois jours au *derby* international pour effectuer « la petite routine de tous les jours devant personne », le plus grand des *derbys*. Troquer la gloire, les honneurs, contre le partage du travail, l'amitié, la solidarité et jouir, en silence, sans jamais le dire, du privilège d'essayer d'être champion (« Dans l'étable »). La mère perdrix, Gobeuse, subit elle aussi l'attrait des honneurs et de la gloriole. Elle doit choisir entre une attitude simple devant la vie, et accepter le mariage de sa fille Perdrianne avec Courlu, ou adopter une attitude orgueilleuse et altière, toujours à l'affût de l'exotique, du rêve et des honneurs. Elle s'oppose au mariage de Perdrianne et de Courlu et désire que Super, l'oiseau qui a visité les lointains pays, épouse sa fille. Elle fait le mauvais choix, est humiliée et ridiculisée (« Chez les perdrix »).

La lassitude du quotidien, du normal, de l'ordinaire fait oublier le bien-être de vivre pourtant présent. L'herbe est toujours plus verte de l'autre côté de la clôture ; même si cette clôture protège du froid, de la soif, de la faim, des périls ; même si cette clôture est imaginaire. Le mouton n'avait pas la liberté de choisir la misère, alors, parce qu'il en a « assez d'être traité comme un enfant », il choisit l'aventure, fasciné par la chèvre, là-bas, symbole, pour lui, de la liberté. La chèvre fait prendre conscience au mouton que son malheur est dans sa tête, que le bonheur découle d'une attitude, d'une décision personnelle de se donner : « Il y a ta laine, ta viande, tes petits, ton cuir, tes nerfs. Moi je me console d'être pauvre en donnant tout ce que j'ai ». Si une vie facile nous faisait oublier le prix du libre don, ne serait-il pas mieux d'opter pour une vie plus dure qui nous ramène à l'essentiel ? Le carcan de la vie quotidienne est parfois une balise salutaire contre l'éparpillement (« Chez les moutons »). Cet éparpillement est à l'origine du « Drame dans l'herbe ». Le principe de vie a été nié, l'amitié et la solidarité de la vie collective aussi. La paix au monastère souterrain a été troublée par un sac plein de victuailles. Une vie simple et travailleuse est perturbée par l'abandon des valeurs et l'égarement causés par la prospérité soudaine ; la famine en résulte. Dans « Drame dans l'herbe », il y a le refus d'un savoir ; ce savoir, c'est la valeur du travail et l'attachement à une vie simple, sans l'agitation fébrile d'une vie insouciante et facile. Le message rejoint la fable du Patriote. Depuis le commencement du monde, tout marchait très bien dans la forêt, jusqu'au jour où les hommes y installèrent une ligne de téléphone. La pie curieuse répandit la nouvelle et nombreux furent les animaux qui déménagèrent près du fil pour écouter les conversations des hommes à longueur de journées. Le Patriote, grand orignal solitaire amoureux de sa forêt, eut beau les avertir du danger d'imiter les hommes au lieu de travailler, mais sa voix ne fut pas reçue. Le Patriote fit la seule chose à faire pour sauver son peuple : il se battit contre les fils de téléphone et mourut étranglé. Une réparation ramène le peuple à sa vérité. Mais la mort a été nécessaire. Le message de Patriote fait écho à celui de « La légende des pigeons », « Chez les perdrix », « Drame dans l'herbe » : la vie paisible est menacée par une vie facile remplie de distractions offertes par une civilisation du futile et de l'éphémère.

Choisir un style de vie qui corresponde à sa vraie nature n'est pas toujours évident, car résister aux pressions de la mode et à l'engouement pour l'éphémère demande un discernement qui s'acquiert par l'apprentissage et la réflexion. Le moineau qui veut entraîner la jeune pigeonne le sait bien, qui lui interdit de réfléchir : « Tu réfléchis trop, petite. [...] Il te sera défendu de travailler et de penser [...] On t'offre à toi de ne jamais vieillir, petite, de te promener mollement de plaisir en plaisir sans que jamais tu aies à réfléchir. C'est réfléchir qui vieillit. » Un style de vie qui convienne entièrement à son être ne se résume pas à choisir entre l'ancien et le moderne mais à identifier ses propres valeurs, à orienter son être vers l'essentiel. Le père de la jeune pigeonne dépasse cette dichotomie ancien / moderne en faveur de l'âme, du cœur et de l'amour : « Voilà ma question bien droite : Avez-vous dans votre invention quelque chose qui s'occupe de l'âme ? Parce que je crois à ça. Qui s'occupe du cœur, parce que j'ai des sentiments ; qui s'occupe de la tête, parce que j'ai des idées ! […] Pouvez-vous me garantir qu'on fête l'honnêteté, que la matière passe en dernier, que l'argent est un outil, pas un but ; que la mort n'est pas morte ? » (« La légende des pigeons ») Parce que, si elle était morte, on ne pourrait en extraire l'appel de l'amour, une vie d'amour déconcertante pour ceux qu'on aime.

L'offrande

La quête de la vie suscite un questionnement des valeurs profondes et ouvre sur la communication avec l'autre. Vivre, c'est s'offrir : « J'arriverai avec ma petite grappe de blé, et le Maître dira : Voici mon pain. » (« Sanctus ») Il importe toutefois de préserver la liberté de son vol — « les pigeons n'appartiennent pas aux cages, mais à l'espace » — afin de rendre hommage au Créateur. La fidélité à sa nature est gage de pérennité, tant pour la colombe à qui le Maître a désigné la corniche comme abri (« La légende des pigeons ») que pour tous les animaux : « Dans toutes les tribus, les bêtes du bon Dieu s'en allaient tranquillement avec leurs mœurs respectives. Elles naissaient, vivaient et mouraient en se passant leurs coutumes d'une génération à l'autre. » (« Le Patriote »)

Si l'agitation est si nocive, c'est qu'elle distrait de l'essentiel. Le choix de la fidélité à soi-même qui se manifeste par un don de soi aux autres prépare à un appel de l'absolu, au dedans de soi. La route de l'intériorité mène à Dieu. Poisson d'Or choisit, à travers un célibat volontaire, une liberté qui se consacre à l'amour. Il cherche une route, lointaine et inaccessible, qui mène à un endroit « où l'on cause de la mort avec un grand sourire ; où l'on se donne entièrement, comme quand on se lance dans une chute ». L'amour demande un si grand détachement, pour celui qui part et pour ceux qui restent. En offrant Poisson d'Or à son destin et en acceptant qu'il parte, maman Océane et la bien-aimée Trembleuse choisissent un amour de liberté, elles s'abandonnent totalement et répondent, à leur manière, à l'appel de l'absolu et au don amoureux (« Le rival »).

L'exigence intérieure est insatiable. Mais faut-il toujours partir si loin ? Une petite mouche, Caboche, émerveillée par l'inédit de chaque jour et désireuse de chanter la lumière, va dans le grand monde, pour apprendre. Son choix est sûr et clair : apprendre à dire la Beauté, à chanter la lumière. Déçue de son voyage, enseignée à son retour par la mouche à feu, elle sera en mesure de rectifier son choix, d'intérioriser sa quête : « La lumière n'est pas une chose qui vient de l'extérieur. La lumière est une chose qui pousse à l'intérieur, dans le tréfonds de l'âme. » Caboche comprend alors que lorsqu'elle aura confiance en sa petite voix et qu'elle aura l'amour pour tout ce qui vit, alors de son âme, « sans que personne ne le sache, sortira une petite lumière » (« Histoire d'une mouche »). La démarche de la mouche rejoint celle de la jeune pigeonne, celle du mouton, celle aussi du chien Tigre : dans les trois cas s'effectue un déplacement du paraître vers l'être dans un mouvement qui marque l'acquisition d'un savoir, l'apprentissage d'une vie intérieure.

Avec cette œuvre publiée en 1944, Félix Leclerc annonçait déjà ce qu'allait être son existence, un cheminement qui adhère davantage « aux prises d'idées qu'aux prises de bec ». *Allegro* demande à être lu comme le témoignage d'un homme devant la vie, comme la voix du poète qui ose s'affirmer en ours ermite de la forêt, en Patriote qui guide son peuple vers les valeurs fondamentales parce qu'il a su profiter du silence de la détresse pour se transformer. Il invite le lecteur à l'espoir, il le confie à son choix.

Lucille Guilbert

Sanctus

Quand on a vu, le samedi soir à la campagne, des hommes, des femmes, des enfants et des vieillards se préparer pour la messe du dimanche matin, prendre un bain, ranger les vêtements, se brosser la chevelure, se dépouiller de la poussière des six jours de travail, il est doux de constater avec quel respect on attend le septième jour.

On voit le besoin qu'a l'esprit de s'élancer, lui aussi, au-dessus du tourbillon de l'ordinaire, pour se baigner dans les sphères de la croyance.

À la sueur de son front, on a lutté toute la semaine, tel que la loi l'ordonne, et puis on se repose un jour. Merveilleuse loi à laquelle on obéit encore.

Dès l'aurore, des files de voitures se croisent sur les routes. L'air est plus libre, ce matin-là ; on ne pense pas au travail.

Rien ne commande que la prière. Les voisins sortent pour se saluer.

Dans des vêtements propres, les familles se rendent à l'église. Les champs, comme de grands tableaux endormis, s'offrent aux regards de ceux qui passent.

Sur la ferme, les outils, croûtés de terre sèche, dorment pêle-mêle dans un coin de la remise.

Le banneau, les bras en l'air, est assis dans l'herbe de la cour.

Les chevaux sont dehors dans les pacages verts et font le tour des clos sous le soleil.

Pas de bruit de lieuse, de faucheuse ou de râteau dans les champs. Rien.

Les prairies se renvoient les oiseaux qui cachent dans leurs ailes des échos de sanctus.

Les siffleux font de longues excursions, loin de leurs trous de sable.

C'est le matin où les nichées de jeunes alouettes prennent une leçon de vol.

Les épis de blé, qui vont mourir demain sous la faucheuse, s'enlacent et se confessent.

Approchons-nous d'un champ de blé. Écoutons deux épis mûrs se parler ainsi dans le dimanche :

— Toi, as-tu peur de la mort ? demande le premier épi avec une voix de femme.

— Moi ? Non, répond le deuxième épi avec sa voix de garçon.

— Tu pensais à demain ?

— Non.

— Tu me réponds en tremblant.

— C'est la rosée qui est froide ce matin. Il fait froid, n'est-ce pas ? Et toi, tu as l'air fatiguée ?

— Je n'ai pas dormi cette nuit.

— Moi aussi j'ai veillé.

— Il est arrivé ton automne, dit-elle.

— J'ai fait mes adieux aux astres, annonce-t-il.

— Moi, je n'en ai pas eu la force. Tu ne m'entendais pas pleurer cette nuit ?

— Non. As-tu remarqué comme il faisait beau ? Moi, j'ai admiré le ciel une dernière fois, et j'ai vu des choses qui m'ont donné la hâte de partir.

— Tais-toi, c'est épouvantable ! Ne parlons pas de la mort !

— Comme tu es agitée !

— C'est notre dernier jour. J'ai peur.

— Tu n'as pas prié, cette nuit ?

— Je ne veux pas mourir.

— C'est l'automne.

— Non ! Non !

Alors il demande :

— Aurais-tu donc commis des crimes, pour trébucher ainsi à la veille de sauter ?

— Non, répond-elle. Je n'ai pas commis de crimes, mais je veux rester, j'aime la vie, et toi aussi, tu l'aimes. Tu fais le brave pour me donner du courage.

— C'est dimanche, dit-il doucement. Je bois mon soleil comme un autre jour, sans penser au lundi. Fais comme moi.

— J'ai peur, redit-elle en frissonnant.

— L'hiver est encore plus terrible que la faucheuse, affirme-t-il.

— Tu me serreras bien fort ?

— Je serai là tout près de toi ; nous courberons la tête ensemble ; ne crains pas. Il paraît qu'on ne se sent pas mourir.

— C'est horrible.

— Repose-toi. C'est dimanche, bel épi blond. Comme ta tête est lourde. Vois comme il fait beau. Bois ta rosée. Allons ! déjeune.

— Je n'ai pas faim.

— Tu pleures ?

— Tu mettras ta tête devant la mienne ?

— Oui, oui, je passerai le premier.

— Encore un jour, et ce sera fini. Chante-moi quelque chose afin que je m'endorme.

— Je n'ai pas la voix à chanter.

— Comme c'est triste !

— Calme-toi. Je vais te raconter des choses...

— Nous n'avons pas d'ami.

Pour la consoler, il commence :

— Te souviens-tu de nos amours ?

— Tu trembles !

— Veux-tu que je te rappelle le matin où je suis sorti de terre, au mois de juin dernier ?

Quand je suis venu au monde ici dans ce champ, il n'y avait presque personne d'arrivé. Toi, tu n'y étais pas ; nos cousins non plus. Le premier voisin était à quatre rangées d'ici. Il fallait que le vent fût bien fort, pour qu'on s'entendît parler. J'étais seul dans ma rangée et je me demandais : « Pour l'amour ! qu'est-ce que je fais ici ? »

À droite, là-bas, du long de la clôture, c'étaient les pieds de bleuets ; ils étaient blancs et dormaient toute la journée. Par la gauche, tous les soirs, je voyais passer de loin une grosse voiture qu'un cheval tirait. Sur les sièges, parmi des bidons de lait, étaient assis des hommes. Ils me regardaient en branlant la tête et disaient chaque fois : « Beau grain, du beau grain ! » Je ne savais pas pourquoi ils me souriaient.

Avant ta naissance, je trouvais les jours bien longs et les nuits bien tristes. Heureusement que j'avais un ami. Je ne t'en ai jamais parlé.

— Qui donc ?

— C'était un crapaud.

— Tu racontes des fables pour me distraire.

— Non, c'est la vérité. Tous les soirs, entre la

veille et le sommeil, il sortait de son fossé et venait me voir. Nous parlions de plantes, d'insectes, de climats et d'avenir. Il avait beaucoup voyagé, ce crapaud-là ; il s'était même rendu jusqu'au bord du fleuve. Je l'aimais malgré sa laideur, parce qu'il était bon. Il n'avait pas d'ami.

S'il pleuvait, je lui gardais de l'eau propre dans mes feuilles ; lui, pour me remercier, quand la nuit était descendue, il me chantait des ballades avec sa voix de ruisseau, des ballades qu'il avait composées en sautant sur les roches.

— Où est-il maintenant ? demande-t-elle.

— Il est parti le jour de ton arrivée.

— Raconte encore.

— C'était un matin de juin. À moitié endormi, j'étais à m'étirer dans la brume, lorsque je t'ai aperçue près de moi, entre deux mottes de terre grise, toute frêle, toute petite, toute belle. Lui s'en allait là-bas, à la hâte, en pliant et dépliant ses pattes.

— Tu ne l'as jamais revu ?

— Non, mais le bon Dieu m'avait envoyé une compagne. N'est-ce pas que nous avons passé une belle vie ? Je t'ai appris le soleil, la lune, les points cardinaux, la tempête, la brise. Tu as grandi, grandi. Dans l'encens de la terre, tu as fait des grains de blé, nous voici tous les deux côte à côte, à la fin du voyage, à la dernière étape, au mois de septembre.

— Et c'est demain que nous passons sous la faucheuse. C'est horrible !

Lui, voyant qu'elle va pleurer, dit :

— Nous avons fait un beau voyage.

— J'aimerais le continuer encore jusque dans l'infini.

— Ici-bas toutes les routes ont une fin. Si tu veux connaître l'infini, il te faut mourir.

— J'ai peur !

— Notre vie n'a pas été inutile. Pourquoi crains-tu, épi blond ?

— Qu'ai-je donc fait pour mériter la mort ? crie-t-elle.

— Retourne-toi et regarde ces millions de tiges comme nous : elles ont la tête lourde d'épis mûrs. La moisson penche. Pourquoi demeurer ici ? Nous avons fait ce que nous avions à faire. Allons-nous-en. On nous avait prêté la vie, il est temps de la rendre, puisque nous portons des fruits. Nous n'avons pas été inutiles.

Mais elle se révolte et réplique :

— C'est parce que nous portons des fruits qu'il ne faut pas partir. Gardons-les pour nous. C'est nous qui les avons faits ; ils nous appartiennent. Pourquoi donner ? Pourquoi se donner ?

— Il faut rendre, conclut son ami.

— Rendons le grain de semence qui nous a été prêté ; gardons le reste.

— Même si tu te révoltais, que peux-tu faire contre la faucheuse ?

— Alors, elle me prendra de force.

Et la petite se secoue.

— Si elle t'épargnait, lui dit l'autre, que ferais-tu seule ici dans la neige, cet hiver, dans la prairie bouleversée ?

— Je ne veux pas mourir, gémit-elle. Je crierai à mes amis ; la forêt va se soulever ; les nuages descendront pour aveugler le monstre demain ; des légions d'oiseaux ou d'animaux surgiront des bois, forceront le couteau à reculer. Il ne faut pas que l'on meure.

Lui se fâche, élève la voix à son tour et crie :

— Insensée ! Change de discours, si tu veux que l'on t'engrange avec les bons épis.

Tu parles comme le Maître quand tu n'es que la servante. Une vie propre a été prêtée à chacun de nous, il faut la rendre propre. Tu raisonnes égoïstement comme le chiendent inutile ; tu fais du tapage avec ta destinée ; tu te gonfles ; tu veux soulever la forêt et les nuages, et les oiseaux, et t'en faire un rempart contre la faucheuse.

Qu'es-tu à la fin, épi de blé parmi des millions d'autres ?

Elle pleure. Il baisse la voix, l'enlace et continue :

— C'est dimanche, le jour de la tranquillité. Tu es ma compagne et je t'aime. Je te juge, mais je n'en ai pas le droit. J'ai envie de pleurer, moi aussi. Pardonne-moi, épi blond. Il ne faut pas toujours courber la tête et se résigner aveuglément quand l'ordre vient d'un de nos frères, d'un épi comme nous, parce qu'il peut se tromper. Mais quand l'ordre vient de Quelqu'un au-dessus des épis et des clôtures et des arbres et des maisons, alors il faut courber la tête et faire Sa volonté, qu'Il nous envoie l'orage ou le soleil, qu'Il nous envoie l'amour ou la haine, qu'Il nous envoie la vie ou la mort. Il nous a envoyé l'amour depuis juin dernier, depuis notre naissance, et nous sommes de beaux épis. Il aurait pu nous débouler un fléau sur la tête, des sauterelles, des plaies, de la rouille. Non. Il nous a laissés avec l'amour durant tout l'été. Maintenant, Il juge que c'est assez, que c'est fini. Il nous envoie l'automne, ça le regarde.

Aujourd'hui c'est dimanche, le jour du repos ; pourquoi n'obéis-tu pas ? Demain prendra soin de lui-même.

— Tu me consoles en tremblant, répond-elle.

— J'avoue être frêle. Si je n'étais pas fragile, je ne serais pas un épi de blé.

Très loin là-bas, dans l'après-midi, une cloche sonne.

— Une cloche, dit-elle. Qu'est-ce que c'est ?

— Ce doit être à l'église. Le dimanche, les cloches sortent des clochers et rôdent.

— Où vont-elles ?

— Au hasard. C'est leur jour de promenade.

— Comme elles doivent être heureuses, les cloches ! rêve la petite compagne. Se rouler dans l'air libre, distribuer des notes de prières, entrer par les fenêtres ouvertes, glisser au-dessus des parcs, frôler les grèves tranquilles, ne jamais mourir. Je n'ai pas le goût de chanter aujourd'hui.

— Allons, allons, fait-il, c'est le Sanctus. Recueillons-nous. Prions. Incline la tête.

Et les brins de blé qui vont mourir demain sous la faucheuse s'enlacent dans la paix du dimanche.

Léger comme la voile, le vent passe furtivement à travers les têtes blondes, écoute, absout, puis délicatement s'élève vers le ciel avec ces moissons de prières.

La cloche a cessé. Le vent est parti. La récolte dort.

De derrière une roche, pas très loin de là, un pauvre être réfléchit depuis quelques minutes à ce qu'il va faire. Il réfléchit fortement et soupire. Va-t-il se montrer, oui ou non ? C'est dimanche, tout embaume. Il est laid, mal vêtu. Il se décide, c'est oui. Le voilà à découvert. Il part hardiment, saute en droite ligne, face aux blés, encore, encore. Il essaie de reconnaître l'endroit. Il est presque rendu : c'est ici. Et tout gêné, par la petite allée propre, un vieux crapaud bossu et maigre entre chez les épis mûrs.

— Comment, c'est toi ? Quelle belle surprise ! Approche.

— Bonjour, brin de blé, salue le crapaud.

— D'où sors-tu ? Mais je ne rêve pas ? D'où viens-tu ?

— Je viens vous visiter.

— Tu me dis vous ? Qu'est-ce qui te prend ? Ah ! Elle ? C'est vrai, tu ne la connais pas. Viens plus près, ça me fait plaisir de te voir. Regarde ma compagne. Je lui ai parlé de toi. Elle dort ; causons bas. Tout à l'heure à son réveil, tu la connaîtras. Parle maintenant, c'est à ton tour.

— Je suis dans le canton depuis hier soir, dit le crapaud avec sa belle voix des sources. Je suis arrivé à la nuit tombante.

— Où as-tu couché ?

— Dans un de mes anciens nids, par là-bas.

— Et où vas-tu ?

— Je viens te voir.

— Tu passes la journée avec nous ?

— Oui. La nuit aussi, si vous voulez.

— Alors, tu sais ?

— Quoi ?

— Que c'est demain ?

Le crapaud, tranquillement, répond :

— Oui, je le sais.

— Tu es bien gentil d'être venu me saluer. Tu as fait le voyage exprès ?

— Oui.

— Je suis content de te voir.

— Moi aussi.

— Tu vas me raconter des aventures ?

— Tant que tu voudras.

— Afin que la journée passe vite.

— Je suis venu pour ça.

L'épi de blé se confesse sans cachette et dit :

— C'est dur, tu sais.

Le crapaud comprend et l'écoute.

— Notre tour est arrivé. Crois-tu que ce sera demain ?

— Je ne sais pas.

Brin de blé questionne avidement :

— Le massacre est commencé ailleurs et tu ne veux pas me le dire ? Tu as vu la faucheuse ?

— Oui.

— Comment est-elle faite ? Un monstre de fer avec des dents, que tirent des géants à crinière ? Tu peux tout me raconter. Tu l'as vue ?

— Oui.

— Tout à l'heure j'ai fait le brave devant elle. Le métier de faire aimer la mort est difficile. Dommage que je n'aie pas sommeil. Hâte-toi de me consoler. La crainte m'envahit. L'idée que demain cette machine foncera sur nous en nous éclaboussant la paix me rend lâche. Approche-toi plus près. Dis-moi, est-ce qu'on se révolte quelque part ? Y a-t-il des moissons fauchées ? Tu en as vu des épis se coucher de tout leur long par terre ? Comment se sont-ils donnés ?

— Tranquillement, répond le crapaud.

— Pas de recul ?

— Non.

— Pas de panique ni d'agitation ?

— À quoi bon ?

— C'est vrai. Rien à faire ?

— Non.

— C'est fini ? C'est demain ? Je comprends. Quand même, juillet devrait toujours durer. Je ne reverrai plus le soleil qui monte, la rosée, les cigales, les parfums. C'en est fait. L'automne est venu et la récolte doit rentrer. Nous avons chacun une petite gerbe à présenter, elle et moi.

Nous courberons la tête ensemble. Dieu m'a prêté une trop belle compagne. Vivre devrait être détestable...

Cette nuit, au bout de ma tige frêle, j'ai pleuré en faisant mes adieux aux astres.

— Je comprends.

Et le crapaud, immobile, respecte la douleur de son ami.

— Ça va mieux, dit l'épi de blé. Reste avec moi. Je suis plus résigné déjà. Raconte-moi ce que tu as à me raconter. Parle-moi de la moisson couchée. N'essaie pas de me distraire avec ta voix de ruisseau. Dis-moi la réalité. Puisqu'il faut partir, je veux partir joyeusement. N'enveloppe pas de mensonges la vérité que tu sais, toi.

Le crapaud lève la tête et dit :

— Tu es un bon épi. On te mettra à part, à cause de l'abondante grappe que tu portes. Tes paroles sont belles à entendre. Ne crains rien. Tu seras choisi pour une grande mission. Maintenant, laisse-moi parler.

— Avant que tu commences, répète encore une fois que ma vie n'a pas été inutile.

— Ta vie n'a pas été inutile.

— Parle maintenant. Je t'écoute.

— J'ai vu les hommes, cet été, commence le crapaud, ceux du bord des villes et ceux des campagnes. Je suis allé à droite et à gauche ; j'ai écouté des conversations par les fenêtres ; j'ai recueilli des fins de phrases de gens qui passaient à la hâte ; j'ai marché derrière des enfants pour les entendre. Le monde m'a paru affamé.

J'ai visité des cours, des étables, des carrés à provisions ; j'ai même pénétré jusque dans une cave de maison, un soir ; elle était vide et froide ; les granges étaient vides aussi. Et j'ai trouvé des hommes dans l'attente.

— Qu'est-ce qui se passait donc ? demanda l'épi de blé.

Son ami continue :

— À la campagne, les paysans comptaient les jours sur le calendrier et disaient : « L'automne est loin », puis ils ne parlaient plus. Et voilà que, depuis une semaine, les hommes ont repris courage. Leur gaîté est revenue ; on entend chanter dans les fermes, dès le matin.

— Pourquoi ?

— Parce que septembre est de retour. Les hommes vont dans les vergers, cueillent des pommes, les emportent dans de grands paniers, les glissent dans le moulin à presser et font du cidre ; alors il y a de quoi boire dans les caves.

— Tant mieux !

— Et les hommes font du vin sec avec le raisin.

— Tant mieux.

— Les femmes ont sorti les vieux pots de conserve, les ont bourrés de fruits et de légumes. On remplit les caves. Les hommes reprennent courage.

— Tant mieux !

— Mais il leur manque une chose encore, dit le crapaud respectueusement, et c'est pourquoi ils viendront ici.

— Que leur manque-t-il ? demande l'épi de blé.

Le crapaud hésite puis avoue :

— Les huches sont vides. Il n'y a plus de pain, et le pain, c'est toi.

— Moi ?

— Toi. Tu es le pain.

— Est-ce que c'est important, le pain ?

Le crapaud le regarde avec vénération :

— C'est la plus grande vocation qui peut échoir à grain semé. Le pain, c'est ce qui nourrit l'homme.

— Tu dis vrai ? Comment le sais-tu ?

— Tous les soirs, les familles s'agenouillent pour dire : « Donnez-nous le pain quotidien ». Je les ai entendues moi-même plusieurs fois. Est-ce suffisant ?

— Je te crois.

— Le pain, c'est sacré.

— Le pain, c'est moi ?

— C'est toi.

— Mais je suis si petit. La rapace et le chardon sont beaucoup plus gros que moi.

— Ils ne produisent rien. Ton épi est plus précieux que l'or.

— C'est un honneur ?

— Sans toi, les hommes mourraient, ajoute le crapaud. Où il y a des blés, c'est l'abondance. On vous bénit, on vous aime. Vous êtes le pain de demain, la récolte sans prix, la récompense du travail.

Vous êtes le but de toutes les fatigues. Et lorsqu'on vous fauche, c'est pour vous engranger dans des endroits secs et propres. Puisque, d'une façon ou d'une autre, il nous faut tous mourir un jour, heureux celui qui tombe la tête pesante de fruits utiles. Celui-là est immortel.

— Tu crois que je serai admis à la huche ? demande l'épi de blé humblement.

— J'en suis certain.

— En faisant mes adieux aux astres, cette nuit, j'ai pleuré. Mais c'est fini. J'ai hâte maintenant de quitter la terre ; ma vie n'a pas été vaine puisque tu le dis.

J'arriverai avec ma petite grappe de blé, et le Maître dira : « Voici mon pain ». Et il me caressera dans sa main.

Ça vaut de souffrir un peu pour devenir du pain, n'est-ce pas ?

— Oui.

— Tu es ému, qu'as-tu donc ?

— Rien.

Et le crapaud se retourne un peu, pour cacher sa figure laide. L'autre continue :

— Ah ! le bonheur que tu répands ici ! Sans toi, mon dimanche eût été noir. L'adieu à la prairie eût été déchirant. Mais je sais ma vérité. J'attends ferme. Ma mort me donnera une autre vie. Demain je penserai à toi, et je serai tranquille comme à l'heure du Sanctus. Demain, toi, où seras-tu ?

— Ailleurs, dit le crapaud sans tourner la tête.

— Tu as des larmes aux yeux, pourquoi ?

— Je n'ai rien.

Le crapaud ne bouge pas. L'épi de blé reprend :

— Explique-moi encore ce qu'ils font avec le pain.

— Les cloches sonnent, dit le crapaud.

Et gravement il ajoute :

— À l'église, ils viennent de faire de grandes choses avec le pain.

Puis il s'apprête à partir.

— Mais où vas-tu ?

— Visiter les rangs, voir si tous les épis sont prêts pour demain.

— Attends, lui crie l'épi de blé. Tu m'as mis en état de grâce, comment ferais-je pour te payer ?

— Puisque tu as la paix, je suis récompensé.

— Lorsque ma compagne se réveillera tout à l'heure, murmure l'épi, je lui apprendrai que nous sommes le pain. Nous prierons ensemble.

Dans la brise du dimanche, entre les colonnes infinies d'un champ de blé, un vieux crapaud s'en va et pleure, parce qu'il est condamné à vivre de longues années sur terre.

Chaque côté de lui, de grandes allées d'épis lourds qui vont mourir demain sous la faucheuse chantent des hymnes en balançant la tête.

Dans l'étable

Le jour tombe. De grands nuages passent, sans but, échevelés. Doucement, sur la neige, un autre soir se pose. Tout le monde est chez soi, près du feu. D'une ferme à l'autre, le vent rôde. La terre dort profondément. Le long de la route, les cheminées des maisons fument comme des haleines. C'est l'hiver.

Dans le sentier qui conduit à une étable marche un homme chaussé de bottes à clous, derrière un chien qu'il tient en laisse. Arrivé à l'étable, l'homme ouvre la porte, entre, fait de la lumière. Quelques animaux se retournent, reconnaissent leur maître dans un nuage de vapeur et replongent leur tête dans la crèche.

Le chien trotte vers une chaudière d'eau qui est là, lape quelques gorgées, puis tourne à gauche, se couche sur la paille de l'allée, presque sous le naseau des vaches.

Son maître l'attache à un anneau de broche, lui pousse du pied un morceau de viande, s'assure que tout est bien et se retire.

Les bêtes connaissent bien la nuit et connaissent surtout le silence.

À droite du chien, il y a un beau cheval ; à sa gauche, un énorme bœuf ; et au fond en face, le poulailler.

Le chien, sans se lever, flaire la viande, la dédaigne,

soupire, sourit au cheval qui l'observe et machinalement s'aplatit dans la paille.

Il est triste.

Après avoir bien ruminé, le bœuf lève sa grosse paupière, fixe longuement son ami le chien, et lui dit avec douceur :

— Tu maigris, Barbu.

— Je sais, fait le chien.

— Mange. Tu te laisses aller.

— Je n'ai pas faim. Je suis fatigué.

— Force-toi. Mange. La viande est belle.

— Tantôt.

Le bœuf, qui s'appelle Samson et n'a rien à faire le soir que de repasser sa journée dans sa tête, continue à parler paisiblement :

— Aujourd'hui, je pensais à toi. J'aurais voulu être un chien.

— Tu es fatigué d'être bœuf ? lui demande Barbu.

— Non.

— Pourquoi voulais-tu être un chien ?

— Pour pouvoir t'aider. Ce n'est pas drôle, l'ouvrage que tu fais.

— Ça marche tranquillement. C'est mon plus gros hiver.

— Combien sont-ils dans le traîneau, deux ?

— Oui. Deux enfants, répond Barbu. Ça pouvait aller quand j'étais avec le Noir, mais tout seul...

— Oui, c'est trop pour un tout seul. Je pensais à toi... Tu cours combien de milles par jour ?

— Cinq le matin, cinq le soir. Sans compter les ravaudages de la maison à ici.

— C'est trop pour un tout seul.

— Sans compter que les chemins ne sont pas

beaux : des roulières, des trous... Le traîneau colle. Tout seul, à la longue, c'est fatigant pour le poitrail.

Samson le félicite et lui pose toutes sortes de questions pour le désennuyer :

— Combien pèses-tu ?

— Cet automne, quatre-vingt-dix livres. Maintenant, je ne sais pas.

— Tu es bon.

— J'ai hâte d'avoir de l'aide.

— Le Noir sera difficile à remplacer.

— Je sais.

— Quand l'autre doit-il arriver ? demande Samson.

— Ces jours-ci, répond Barbu. En me passant le collier tous les matins, le maître me dit : « Dernière journée, Barbu, donne un coup. Ce soir, tu auras un ami ». En attendant, c'est dur.

— Tu es bon, répète Samson avec sa grosse voix. J'irais bien à ta place, mais les enfants arriveraient en retard à l'école.

— Ce n'est pas ton ouvrage, Samson, c'est le mien. Tu es un bœuf, je suis un chien.

— Je ne suis pas de voiture, ce n'est pas de ma faute.

Et le bœuf rit.

— En tout cas, ça va passer, conclut le chien avec confiance ; j'attends.

— Tu t'ennuies du Noir ?

L'autre murmure :

— Ne me parle pas de lui, veux-tu, Samson ?

— J'en parle, parce qu'il couchait là, à côté de toi. Avant que tu arrives, Sillon et moi, nous repassions des souvenirs.

— N'en parle pas.

— Avec ses grandes pattes croisées... continue quand même Samson.

Pour changer de sujet, le chien demande au bœuf :

— Vous autres, qu'est-ce que vous avez fait ?

— Sillon a été au bois, dit Samson ; moi, j'ai glaisé.

— Faudrait pourtant que je te voie. Ils te mettent des bonnes charges ?

— Oui, pas loin d'une tonne. Je pense qu'ils le font exprès ; ils aiment ça quand je force, quand le bacul plie comme un arc. Je me mets à genoux pour me reposer : ça les amuse.

— Ça ne te fatigue pas ?

— Ça ne me dérange pas. Du moment qu'ils me laissent souffler ; tu viendras me voir au pit. (Il voulait dire au trou de glaise.)

— Oui, samedi. J'ai congé, répond le chien.

Un silence plane dans l'étable ; le bœuf regarde autour de lui.

— Faudrait faire quelque chose pour nous changer les idées. As-tu vu la nouvelle toilette de Sillon ? demande-t-il gaiement à Barbu. Regarde-le.

Tous les deux examinent de l'œil le cheval Sillon, frais rasé aux pattes et à la crinière.

— Ils t'ont coupé le poil des pattes, Sillon ? demande Barbu.

— Pas rien que les pattes ; tout le corps aussi, c'est pour ça que je garde ma couverture.

— Il a l'air d'un cheval de pompier, rigole Samson.

— J'ai assez de décence pour me vêtir, répond le cheval en souriant adroitement.

Et le bœuf continue :

— Je trouve qu'il a des sabots de danse.

— Je ne changerais pas de sabots avec toi, répond le cheval.

Le bœuf hausse ses grosses épaules :

— Pas moyen de lui faire des compliments.

Le chien s'adresse au cheval :

— Tu as des belles pattes, Sillon.

Sillon se met à rire.

— J'ai hâte que ça repousse. Je me sens déshabillé. S'ils peuvent raser Samson, nous allons rire ; je le vois dans une petite robe rouge...

— Tu riras si tu veux, je ne suis pas susceptible. Moi, je suis comme le Noir, dit la grosse voix, je prends bien ça, rien ne me fait rien, la vie est bonne.

— Samson !

— Quoi ?

— Barbu t'a demandé de ne pas parler du Noir.

Le bœuf comprend et s'excuse :

— C'est plus fort que moi, excusez. Qu'allons-nous faire ? Personne n'a envie de dormir ?

Du fond de l'étable, là-bas sur les juchoirs du poulailler, une voix grêle éclate :

— Hé ! Nous voulons dormir, nous autres. Vous n'êtes pas les seuls dans l'étable. Achevez-vous ?

C'était le coq.

— Ah, dit Samson, voilà l'occasion de te dérider, Barbu. Nous allons le faire fâcher ? Un coq... ça prend trente secondes.

— Je ne fais pas la sieste durant le jour, moi, continue le coq. J'ai besoin de toute ma nuit.

— En voilà un qui fait plus de tapage que moi, remarque le cheval ; il n'est pas ferré pourtant.

— Faisons-le fâcher, souffle Samson.

Mais l'autre, là-bas, répète avec colère :

— C'est la nuit, vous ne savez pas ça ?

— Tu ne vois pas la lumière ? crie Sillon. Chante, c'est le matin !

— Je suis fatigué, moi. Je veux dormir.

— Il est fatigué ! Il a dû voler trop haut aujourd'hui, dit le bœuf.

— Cocorico ! Réveillons-nous. Le soleil est levé.

Et le cheval essaie d'imiter la voix du coq. Barbu, amusé, sourit.

— Faudrait l'amener glaiser, lui, propose tout bas le bœuf. Hé ! viens-tu glaiser demain ?

— Si vous voulez pondre des œufs, oui, lui réplique le coq avec sa voix enrouée.

— As-tu entendu ? Pondre des œufs ! Pour dire ça, il est fâché.

Et Sillon rit aux éclats.

— Bande de paresseux ! lance le bipède, moi, quand j'ai soif, je vais boire ; je n'attends pas qu'on me passe l'eau sous le nez.

Samson, qui a de l'esprit quand il veut, lance au coq :

— Tu n'as pas de nez !

Toute l'étable rit.

— Laissez dormir les poules, effrontés.

— Il n'a pas de front non plus, dit Samson, c'est difficile de lui dire des bêtises. Viens te battre.

Le coq est furieux :

— Ma colère monte, Samson.

— Tu vois ? dit le cheval à Barbu, on peut lui faire chanter tout l'opéra.

Mais Barbu tourne violemment la tête du côté de la porte et dit :

— Chut ! Écoutez. Silence !

— Qu'y a-t-il ? glousse le coq.

Sur l'ordre du chien, le bœuf, le cheval et le coq se sont tus immédiatement. Le coq ramène ses ailes sur lui, s'écrase peureusement sur son juchoir et, l'œil jaune, guette la porte.

Samson le bœuf balaye le fond de sa crèche d'un coup de langue et, la paupière demi-close, attend.

Le cheval Sillon pointe les oreilles, retourne la tête et s'inquiète.

Barbu le chien recule la chaîne avec sa patte, s'assoit et, le museau en l'air, flaire ce qui s'en vient dehors. La porte de l'étable s'ouvre.

Le maître paraît, tenant au bout d'une chaîne un grand chien gris à poil ras, haut sur pattes ; un bon poitrail, mais des yeux louches. C'est le remplaçant que Barbu attend depuis si longtemps.

Le nouveau venu regarde tout le troupeau sans saluer, le plafond, les stalles, les attelages, fait la moue et, presque en rampant, se laisse conduire par le maître.

Le maître l'attache à un coin de l'allée, en face de Barbu, lui jette une brassée de paille et, le flattant de la semelle, lui dit : « Bonsoir le Tigre ». Puis l'homme part, laissant derrière lui un grand silence.

Le Tigre se sent regardé ; il pose fièrement comme un chien qui a beaucoup voyagé, montre les dents, sacre et, dédaigneusement, attend qu'on lui parle.

Le bœuf retourne son front vers le mur, en mâchonnant pour lui tout seul :

— Le Noir n'est pas remplacé.

Le cheval frappe son sabot sur le plancher et branle la tête de haut en bas.

Depuis longtemps le coq ne bouge plus, le bec sous l'aile. Barbu, la tête penchée, une oreille pendante, regarde le nouvel arrivé, tranquillement, sans prétention, avec ses bons yeux de chien barbet :

— Allô, le Tigre, dit-il doucement. C'est avec moi que tu vas travailler. Content de te voir. Je m'appelle Barbu. Lui, c'est Samson, lui Sillon, elle Fusée. Demain, je te présenterai ceux qui dorment... Tu m'entends ?

L'autre ne répond point.

— L'ouvrage est fatigant un peu ici, mais à deux ça va bien aller, tu vas voir, continue Barbu. D'où viens-tu ? Je ne t'ai jamais vu, ni au village ni en ville. Tu es un chien-loup, toi, hein ? C'est la première fois que tu viens sur la terre ? Tu vas aimer ça. C'est la paix. L'été, nous prenons des vacances, des vacances payées... Tu es le bienvenu. Tu ne parles pas ? Tu n'as pas de voix ? Le Noir, celui que tu remplaces, était muet. Pas de jappe, rien. Le meilleur chien du canton, quand même... C'est lui que tu remplaces. Il est mort. C'est toi qui vas mettre son collier, tu es chanceux ; moi, j'ai pas le cou assez grand.

Le nouveau chien ne répond rien à toute cette bienvenue. Par-dessus le mur, le cheval souffle au bœuf :

— Muet lui aussi ?

— Je ne pense pas, répond le bœuf.

Et le nouveau, comme un tigre hypocrite, ouvre soudain la bouche pour parler effrontément :

— Déchéance ! dit-il. Je suis mal tombé ! C'est le bas-fond de mon existence ici ! Je remplace un chien muet ! Où suis-je ? Savez-vous à qui vous parlez, monsieur ? Vous me dégoûtez tous cordialement. Non, Je ne suis pas chanceux. Qu'est-ce qu'il y a là-dedans ? Des poules ? Jacobines avec le chapeau rouge ? Drôles de révolutionnaires, ça se tient perché. Et ça, ce sont des vaches ? Parce qu'elles ont des morceaux de mappe-mondes étampés sur le flanc, elles se croient l'univers ?

Et lui avec sa robe et ses sabots, il est en costume de nuit ? Dommage qu'il n'ait pas le bonnet. Toi, tu ne te laves pas de temps à autre ? Je ne suis pas chanceux ! Je peux dire adieu à la vie.

Vous n'avez pas vu mes médailles, non ? jappe-t-il d'une voix criarde et prétentieuse. J'hésite à me présenter ; je le fais comme on remplit un devoir : je suis le Tigre, ancien champion leader du *derby* international. Êtes-vous sourds ? Vous avez devant vous un héros des *derbys* de chiens. J'ai fait les courses à Ottawa, à Montréal, à Québec, à Toronto. Je suis né dans les Rocheuses, un pays aéré ; mon père était un loup. J'ai couché dans des draps blancs, j'ai mangé du chevreuil cuit ; et plusieurs ministres se sont dégantés pour me toucher le poil. Tous les journaux du temps m'ont photographié, dans mon attelage en cuir de Russie, piqué de boules de cuivre. Voilà à peu près ce que je suis, sans détails, parce que ça vous éberluerait.

Je crois que je parle dans le vide !

Alors toi, petit chien...

Et il s'adresse à Barbu :

— C'est avec toi que je vais travailler ? De quoi dois-tu avoir l'air sur une piste ! Peux-tu te porter, toujours ? Déchéance ! On t'a fait travailler trop jeune, tu as les jambes crochues. Je ne te vois pas les yeux... Dis donc, si tu te peignais ? Combien fais-tu à l'heure ? As-tu des médailles ? Tu n'es pas bâti pour le championnat. Il faut descendre bas pour voir des portraits comme le tien. Pas plus tard qu'il y a deux ans, j'ai roulé quarante-deux milles par jour et durant trois jours de suite !

L'étable garde le silence.

— Je parle dans le vide ! répète-t-il. Es-tu dompté à la parole, ou au cordeau, ou au signe, toi, le petit ? Moi, à n'importe quoi. J'ai hâte de te voir sur ma trace demain. Si je te fatigue, tu sauteras dans le traîneau. Déchéance ! Où suis-je tombé ? Rien à boire, rien à manger ! Et toi, le chapeau rouge, pas un mot, parce que tu me rappelles les dîners que je prenais dans les hôtels riches.

Le Tigre du *derby* international : ce n'est pas difficile à retenir ? Ça va. Je ne vous intéresse pas ? Vous ne m'intéressez pas non plus !

* * *

Telle fut la façon dont le Tigre se présenta. Le lendemain soir, il se passa une scène pénible. Après le voyage à l'école, Barbu fut reconduit seul dans l'étable. Le maître l'attacha à son anneau de broche, comme à l'ordinaire ; puis il tira une chaîne d'un crochet et sortit de méchante humeur. Le Tigre était resté dehors. Chacun savait ce qui allait arriver. Soudain, les animaux entendirent crier le Tigre ; il hurlait à fendre l'air et se tordait sur la neige ; la chaîne faisait un bruit sourd.

Dix minutes plus tard, l'ancien champion parut, gêné, sanglant, humilié, écumant. Avec sa botte cloutée, l'homme l'écrasa par terre sur la paille, en disant : « Chien sans cœur ! » Il raccrocha le bout de chaîne à sa place, marcha vers Barbu, le caressa et s'en fut à la maison.

Par délicatesse, aucune des bêtes ne parla. Le coq se dérhuma timidement et fit semblant de dormir.

Sillon le cheval lança discrètement un clin d'œil à Samson le bœuf, qui lui répondit savamment.

Barbu ne savait que faire ; il tournait en rond, cherchait quelque chose à dire. Il allait ouvrir la bouche, lorsque le Tigre méchamment lui cria :

— Ta gueule ! J'ai faim. Il n'y a rien à manger ? Je demande s'il y a quelque chose à manger ? Déchéance ! Toi, tu as un morceau de viande, et moi je n'ai rien alors ?

— C'est vrai, commença Barbu gêné, je n'avais pas remarqué. Si je n'étais pas enchaîné, je te porterais ma viande. C'est un oubli. Le maître va revenir. C'est un oubli.

— Il est mieux de revenir, sacra le Tigre, parce qu'à la prochaine occasion, je lui broie un genou.

— Ne fais pas ça, le Tigre, dit Barbu, je ne te le conseille pas.

— Je ferai à ma tête. J'ai faim. Je veux manger.

— Le maître va revenir. Ce doit être un oubli.

— Non, ce n'est pas un oubli !

Toutes les têtes de l'étable se tournèrent vers le vieux chef là-bas, Samson, qui venait de parler avec sa voix de tonnerre.

— Ça ne sert à rien de faire du sentiment, Barbu. Tu sais que le maître ne donne rien pour rien. Non, non. Disons la vérité à monsieur, pour qu'il sache comment ça se passe ici...

Puis il s'adressa au Tigre :

— ... Nous avons une loi. Comprends-tu, le nouveau ? Tu as peut-être bien voyagé, mais tu ne connais pas la loi. Ici, la loi, c'est « gagne ton sel ou crève ». Ce n'est pas un oubli de la part de personne ; à chacun selon son travail.

Ça marche comme ça dans nos étables. Il n'y a pas de jaloux ni de profiteurs. Barbu a gagné la viande qu'il a devant lui ; toi, le nouveau, tu n'as rien gagné. Le maître t'a battu ? Il ne fait jamais ça pour rire ; il t'a donné la paye que tu méritais. Pour ce soir, mange ta rage. Et puis, pas un mot. Tu as assez parlé, hier. Voilà la vérité, crûment, tu aimes ça de même ? C'est drôle qu'un héros comme toi, on ne t'ait pas cassé le cou encore...

Ici, tu vas te faire dresser. Ce qu'on pense de toi ? Tu n'as pas d'allure. Tu n'es pas élevé. Tu viens d'un *derby* ? Sais-tu ce qui est plus dur qu'un *derby* international devant la foule ? C'est la petite routine de tous les jours devant personne...

Solennellement, le bœuf se leva, se grandit, agita sa chaîne avec autorité et continua en fixant le Tigre :

— ...Ici, chacun fait son ouvrage sans parler. Nous avons pris une habitude dans l'étable : ne jamais dire que nous sommes des champions, essayer de l'être.

Je gage que tu ne vaux pas une brassée de paille, je gage que Barbu t'a poussé dans le derrière toute la journée pour que tu marches. Personne ici n'a couché dans des draps blancs. Mais nous savons deux choses : obéir et servir. Voilà la loi en deux mots. L'année passée, à la glaise, il y avait un bœuf qui travaillait avec moi, un crâneur comme toi. Veux-tu savoir comment il a fini ? C'est Barbu qui l'a mangé. Ne prends pas de chance. Sois averti ; ici, c'est droit ; pas de biaisement ; ton passé, ça nous est égal. C'est ce que tu fais aujourd'hui qui compte. Si tu veux apprendre à vivre, tu en as l'occasion. Le Noir, c'était un chien ; demande à n'importe qui de l'étable, ils vont te conter son histoire. Fais comme lui, nous t'aimerons. Tu n'as pas l'air d'avoir son endurance. Aie au moins sa qualité : tais-toi.

Le Tigre, avec ses yeux méchants, n'arrivait pas à supporter le regard de celui qui venait de parler. Il dit :

— Pensez-vous être les seuls à avoir souffert ?

— Souffrances ?

Le bœuf promena sa tête comme pour chasser les mouches.

— Pauvre petit ! C'est une étable gaie ici. Nous nous faisons du plaisir ensemble, dans la veillée. Si tu n'as vu que de la laideur sur la terre, aie la délicatesse de faire silence. Nous ne t'avons pas questionné. Nous sommes heureux. Ne nous gâte pas notre bonheur.

Le cheval se retourna, regarda le Tigre et lui dit à son tour :

— Je voudrais ajouter quelque chose. Tu vois mes sabots, le Tigre ? Tu les vois bien ? Ne sacre pas, pas parce que c'est laid, mais parce que ce n'est pas intelligent. Compris ? Ici, il y a des jeunes oreilles, tu sais.

Le Tigre se coucha parce qu'il commençait à être mal à l'aise. Il dit :

— Alors, je vois que je n'ai pas beaucoup d'amis ?

— Amitié veut dire attirance, répliqua Samson. Tu as tout fait pour nous rebuter.

Le Tigre ne répondit point. Il promena ses yeux sur toutes les bêtes et, rendu au coq, il demanda :

— Même toi, le coq ?

— S'il vous plaît, s'il vous plaît, lança le coq. Moi, je dors depuis longtemps.

— Non. Chacun sa façon quand même, répondit le Tigre en essayant de rire. Vous n'avez pas réussi à me convertir.

— Nous ne voulons pas de toi, nous te le disons clairement, claqua le cheval.

— Mais non, mais non, coupa Barbu. Laissez-le, c'est assez. Il pensera comme il voudra. Vous le jugez trop vite. Une journée, ce n'est pas suffisant.

Les animaux obéirent. Le Tigre dit à Barbu :

— Je ne changerai pas.

— Parfait, répondit le chien. Mais écoute, le Tigre, tu ne nous changeras pas non plus.

— Ça va, ça va. Je me tairai, promit le nouveau.

— Tu fais mieux, conclut le cheval.

Samson se coucha lentement. Le Tigre commença à s'ennuyer. Alors, tendrement, Barbu parla avec sa voix charitable :

— Vois-tu, dit-il au Tigre, le Noir, c'était un grand chien à peu près de ta longueur ; pas beau mais dévoué, muet à part ça ; c'est peut-être pour cela que nous l'aimions tant.

Quand il est venu ici, il ne connaissait pas la terre, mais ce qu'il voyait alentour ne le faisait pas rire. Il venait d'une souche humble ; ça paraissait, ça nous le rendait sympathique. Il faisait tous les travaux ; durant l'été, matin et soir, au train dans le bois ; et durant l'hiver, matin et soir, à l'école : dix milles par jour. Toi, tu en as fait quarante-deux, mais pendant trois jours seulement, lui, dix milles par jour, pendant six ans. Tu vois ? Et souvent il se passait de dîner ; bon caractère quand même...

Des gens d'Ottawa t'ont flatté le poil, toi, mais le Noir, pas une personne du canton ne l'a pas flatté.

L'automne dernier, un soir des moissons, pour la première fois de sa vie, il hurla dehors. Le maître est venu avec le fanal ; il lui a demandé : « Qu'est-ce que tu as ? » Le Noir avait les yeux enflés. Le maître l'a amené ici dans l'étable. Moi, je l'ai vu passer ; il titubait comme ivre ; il tombait, il suivait en culbutant ; il n'a pas voulu prendre de remèdes. Le lendemain matin, il était mort, couché comme à son habitude, les grandes pattes croisées et le museau par-dessus. Il était parti vite. Nous avons tous pleuré. Cet été, si tu es encore ici, je te montrerai la place derrière la grange où le maître l'a enterré, délicatement, sans déranger le museau sur les pattes. Tu vois qui tu remplaces ? Si ça te plaît, tant mieux, parce que c'est un grand honneur.

Le Tigre avoua avec assez de politesse :

— C'est un champion, pas d'erreur. Mais je me demande si dans le *derby*...

— *Derby* de trois jours, coupa Samson, il n'aurait pas fait éclat ; sa spécialité, lui, c'était le *derby* de dix ans. Essaye-toi, le Tigre. Voilà ta chance.

Le Tigre se sentit humilié comme jamais auparavant dans toute sa vie.

— C'est bien, soupira-t-il.

— Tous les chiens souffrent, c'est la loi, continua Barbu. Ceux qui le disent en pleurant sont réalistes ; et ceux qui le disent en souriant sont idéalistes. Le Noir, c'était un idéal de chien, pour travailler, pour rire, pour vivre, pour mourir aussi. Un chien de grand *derby*.

— Grand *derby*, grandes leçons : c'est simple, dit Samson.

Alors le Tigre éclata :

— Moi, j'ai un caractère de chien, c'est le cas de le dire ; j'aurais dû vous rencontrer auparavant, je n'aurais pas fait tant de tempêtes.

Tous les animaux le regardèrent avec joie :

— Le faisais-tu exprès pour ne pas travailler aujourd'hui, au traîneau ? demanda Barbu.

— La vérité : ça ne me le disait pas, répondit le Tigre.

— Parce que, si tu es malade, fais-le voir au maître, il va te soigner.

— Non, je ne suis pas malade.

— Tu vois la stalle là-bas ? C'est l'infirmerie.

— Je ne suis pas malade, non.

— En tout cas, repose-toi pour demain, dit Barbu

doucement : petit à petit nous allons nous connaître. Bonsoir. Le réveille-matin est derrière toi dans le poulailler.

Et le Tigre adouci murmura sans orgueil :

— Bonsoir, Barbu.

Il renifla deux ou trois coups et se coucha.

Samson, Barbu, Sillon, le Coq et tous les autres l'observaient discrètement.

Le Tigre les regarda lui aussi, un par un, lentement, calmement : il vit des blessures aux épaules de Samson, un trou dans un des sabots du cheval, et les flancs de Barbu si maigres.

Alors, à la fin, il comprit que ceux qui faisaient bien la vie quotidienne participaient au plus grand des *derby*.

Quand il crut que toute l'étable était endormie, il se tourna vers sa chaîne et la lécha sans faire de bruit.

Barbu, de son lit de paille, pleura sans bouger la tête, sûr qu'on ne voyait pas ses yeux, à cause de ses longs cils, et dans le fond de son crâne de chien, il se dit :

— Le Noir est remplacé.

Chez les moutons

Le soleil plombe sur la prairie. Le ciel est bleu d'un horizon à l'autre. Pour se lisser les plumes, les oiseaux montent où il y a du vent froid. Là-bas sur une butte, un chien berger dort, les oreilles sur le sol.

En face de lui, vêtus de laine jusqu'au cou, flanc à flanc, le museau par terre, des moutons coupent l'herbe, avalent vite, coupent encore, sans lever les yeux, aussi vite qu'ils le peuvent, consciencieusement, comme fait un troupeau docile.

C'est juillet. Dans les baisseurs, les ruisseaux le chantent. Sur les branches pointues, les corneilles le méditent. Les cigales le crient à droite et à gauche. Le soleil gonfle les bleuets et brille dans le sable des sources.

Un peu retirés des autres, deux jeunes moutons, le nez dans le trèfle vert, font semblant de travailler, mais se parlent en cachette.

Lui, un mouton noir, annonce mystérieusement à sa compagne qu'il y a une chèvre d'arrivée dans le clos voisin, une vraie chèvre avec la barbiche, le poil noir et blanc et les cornes. C'est tout un événement, car jamais ces moutons n'ont vu de chèvre.

— Tu sais, dit-il en baissant la voix comme s'il confiait un secret, le cousin, celui qui porte un carcan, l'a vue ce matin dans la brume.

La petite moutonne blanche écoute, curieuse ; mais elle est craintive et n'aime pas ces propos à l'écart. Mouton Noir ne sait pas trop comment s'y prendre pour entraîner sa compagne au pont, afin de voir cette bête étrange qui se nourrit de chiendent, paraît-il, qui boit dans une auge et fait le tour de son pieu, la corde au cou. Avec un petit air gamin, faisant le fanfaron, Mouton Noir pointe, avec son museau, le champ voisin.

— Viens-tu ?

La moutonne recule, toute surprise :

— Jamais, dit-elle. Tu déserterais, toi ? Et les autres ? Et le chien ? Que vont-ils dire ? Tu es fou ! Je vais te dénoncer !

— Bavarde !

— Tu te révolterais, toi ?

— Je suis fatigué d'obéir, déclare-t-il avec fermeté.

— Tu te plains ?

Alors il éclate :

— J'ai de l'herbe en quantité, un gros habit de laine, de l'eau pure trois fois par jour, une bonne étable l'hiver, et des caresses de tous les gens de la maison. Mais quand l'envie me prend de me séparer du troupeau, de faire une connaissance, d'aller flairer ailleurs, de tracer des sentiers neufs, de grimper sur les roches, on me barre la route, on ne veut pas, on m'arrête. J'en ai assez d'être traité comme un enfant. Et pourquoi nous surveille-t-on si bien ? Nous nourrit-on si bien ? L'abattoir ! Le plus gras est le premier choisi. Malheur, je ne veux pas engraisser.

— Chut... tais-toi !

Elle est scandalisée. L'autre, échauffé comme un révolutionnaire, continue :

— Nous finissons tous dans la marmite. On nous tond, on nous assassine, on nous éventre, on nous dépèce, on nous fait cuire ; voilà le destin de chacun de nous. Que m'importe d'être gras, si je ne suis pas libre ? Je veux en faire à ma tête, quoi ! L'aventure !

— Cette chèvre t'a tourné l'esprit, crie la petite.

— Je veux voir ce que la chèvre a vu. Je donnerais ma laine pour être vêtu de poil.

— Malheureux !

— Je veux une barbiche moi aussi, et des cornes et une voix dure.

— Tais-toi !

— À chaque printemps, je me laisse tondre sans rien dire. C'est assez. J'enrage. Quand donc serai-je moi-même ? Quand donc déciderai-je de ma journée, de ma vie, de mes enfants, de mes désirs ? J'étouffe !

— Mouton noir que tu es ! Je te dénoncerai. Et tout de suite, avant que le scandale se propage.

Il s'arrête, s'approche et la défie :

— Quoi ? Tu me vendrais, toi ?

La petite s'enflamme :

— Et que viens-tu de faire à notre race, à nos coutumes, à nos mœurs ? J'ai envie de te renier.

Alors Mouton Noir pose au malheureux, baisse la tête :

— Tu ne m'aimes plus ?

La moutonne blanche ne répond pas ; elle fait volte-face, claque ses petits sabots et, la tête haute, s'en va rejoindre les autres. Il la regarde s'éloigner et tristement murmure :

« Jusqu'à elle qui accepte de vivre afin que ne désemplissent jamais les chaudrons ! Malheur de mouton que je suis ! Pourquoi suis-je né ? Et pourquoi ici, chez les esclaves ? Brouter, s'emplir le ventre, dormir, et recommencer le lendemain, jusqu'à ce que j'aie le poids pour l'abattoir... »

Et il promène ses yeux au loin sur les sommets blancs qui commencent à l'horizon :

« ...J'aurais tant voulu naître sous la feuillée de la montagne là-bas, dans le faîte, où passent les nuages noirs qui viennent de la mer ; où il y a des roches grises et des fruits sauvages, et des ravins glissants, et des ruisseaux froids avec de la mousse verte et de grands joncs pointus qui piquent un peu la langue ; et des pans de soleil tombés dans les éclaircies, et des talles de senteur éparpillées ici et là.

« Pourquoi n'ai-je pas de barbe et de poil rude au lieu de cette laine qui s'accroche aux épines ? Et des cornes ? Ah ! Si j'avais des cornes droites et effilées ! Devant tout le troupeau je défierais le gardien, ce chien de gardien qui n'a qu'à montrer les crocs pour se faire obéir. D'un seul coup de front, je l'enverrais rouler dans les chardons, jusqu'au bas de la butte.

« Puis, la tête haute, je sauterais le clos. Libre ! Libre ! Mon pied s'habituerait aux cailloux des chemins ; je flairerais les tempêtes dans le vent ; je coucherais dans les grandes fougères, sous les étoiles ; j'apprendrais la nage, la chasse, la bravoure ; je me ferais ami avec les ours et les loups ; les orignaux m'inviteraient dans leurs demeures au bord des lacs, dans le creux des forêts.

« J'aurais l'endurance, les muscles, la résistance, le port de tous ces héros des bois dont on n'a qu'à prononcer les noms ici pour faire frémir les grands-pères.

« Qu'importent les punitions, le scandale, les conséquences ! Je veux voir la chèvre, ne serait-ce que le bout de ses cornes. Au diable la discipline ! J'y vais seul, et tout de suite ; je descendrai tout le long du fossé pour ne pas être vu ; je me cacherai sous le pont, j'étirerai le cou, et je la verrai, là, à quinze pas de moi. Si elle est à méditer en ruminant, je m'excuserai très gentiment et je lui dirai : madame... »

Et Mouton Noir, grisé par sa propre poésie, s'en va la tête haute, déserte, court, se hâte, file à l'autre bout du champ. Il s'arrête, regarde, se dérhume timidement et commence :

— Madame...

« Elle ne doit pas m'entendre. Je vais m'approcher un peu plus. Mais qu'est-ce que j'ai à trembler ? »

— Madame...

« Elle ne tourne même pas la tête. Quelle fierté, Seigneur !

« C'est donc ça, une chèvre ? Comme elle est maigre ! Il n'y a que du chiendent dans sa prairie ? Pourquoi ne la soigne-t-on pas ? On dirait que son habit est trop grand. Le cousin avait raison. Elle est malpropre et laide. Elle rumine, les yeux demi-fermés, et sa barbiche se promène à chaque coup de mâchoire. À quoi pense une chèvre, si seule dans l'après-midi, les sabots dans la vase ? »

— Madame...

La chèvre lève la tête, flaire d'où vient la voix :

— Qui m'appelle ?

— Moi.

— Où es-tu ?

— Ici, du long de la clôture.

— Approche, mes yeux ne sont pas bons.

— Je ne peux pas m'approcher.

— Pourquoi ?

— La clôture...

— Qu'attends-tu pour sauter ?

— Je n'ose pas, on me surveille.

— Tu es écorné ?

— Permettez que je me présente : je suis un mouton.

— Je vois, je vois. Que veux-tu ?

— Causer, madame.

— Que veux-tu qu'on se dise ?

— Madame...

— Oui ? Eh bien, vas-y !

— Je suis malheureux.

Elle ramasse du chiendent avec un petit coup de tête nerveux et dit :

— Ensuite ?

Lui ne sait plus quoi répondre. Il murmure :

— C'est tout.

— Tu es venu pour me dire ça ?

— Oui, madame.

— Tu viens de loin ?

— Non, pas trop.

— Et que veux-tu que je fasse ?

— Je ne sais pas, madame.

— Qui t'a envoyé vers moi ?

— Personne. Je vous ai vue de chez nous ; je demeure ici, moi, dans ce champ de trèfle.

— La curiosité ?

« Ah ! Cette chèvre ! Comme elle est dure ! »

— Non, dit Mouton Noir, parce que j'avais de la peine, je me suis dit : allons voir la sagesse.

— Tu te trompes, jeune homme. (Elle bêle en ricanant.) Je n'ai pas de remèdes ici. Comment veux-tu que je guérisse le malheur ? Je ne sais pas ce que c'est.

Il est stupéfié.

— Non, je ne sais pas ta maladie. Des déchirures aux pattes, des oreilles écorchées, des plaies aux épaules, des yeux enflés par le froid, des grosses gorges, pour ça, je sais les remèdes ; mais ce que tu me demandes, je ne sais pas.

— Vous ne connaissez pas le malheur ?

— Non... Tu n'as pas l'air de me croire ?

— C'est difficile à croire.

— Pourquoi donc ?

— Parce qu'ici où vous vivez, c'est...

Il hésite puis se hasarde :

— C'est maigre... je croyais que...

— Qu'est-ce que tu dis ? crie-t-elle avec sa voix aiguë.

Lui est tout empêtré :

— Rien, madame.

Alors elle se radoucit. Elle a pitié de lui et demande :

— Tu es malheureux, disais-tu ?

— Oui, madame, s'empresse-t-il de répondre.

— Dis-moi ton malheur.

— ...

— Parle plus fort.

— Voyez-vous, je...

— Tu souffres de la faim ?

Il n'avait pas pensé à cela.

— C'est du trèfle que tu manges dans ton champ, à ce que j'ai cru voir ? Mes yeux ne sont pas très bons.

— Oui, c'est du trèfle.

— Alors, je ne t'offrirai pas de chiendent ?

— Merci, je suis assez gras.

— Tu souffres du froid ?

Il n'avait pas pensé à cela non plus.

— Elle est en laine, ta couverte ?

— Oui, en laine.

— Jusqu'au cou ?

— Oui, madame.

— Alors, ce n'est pas ça. C'est peut-être la soif ? Il reste de l'eau dans le fond de mon auge ; elle est sale un peu, le maître a oublié de la changer ; mais si tu la veux, prends-la.

— Non. Je n'ai pas soif non plus. Nous avons des ruisseaux, avoue-t-il. Et il a honte.

— De l'eau courante ?

— Oui, madame.

Elle fait un petit silence pour l'humilier.

— On te maltraite alors ? On te bat ? On t'enferme ?

— Non. Pas ça non plus.

— Qu'est-ce que c'est, alors ?

— Voilà... Je ne suis pas libre.

Elle le regarde fixement.

— Montre-moi ton licou que je le compare au mien. Tu n'as pas vu le mien ? Il est caché sous mon poil. Regarde. Montre le tien. Ah, je comprends, fait-elle, tu t'es détaché ?

— Non.

— Tu ne t'es pas sauvé ?

— Non.

— Tu peux courir dans le champ ? À droite et à gauche ? Sans corde ni pieu ? Alors, tu es libre !

— Oui, mais...

— Mais quoi ?

— Je voudrais aller plus loin, plus loin que les clôtures ; je voudrais prendre une route et marcher à ma fantaisie, coucher à la belle étoile, dans des endroits inconnus ; je voudrais voyager, visiter les montagnes, me rouler sous les sapins, bavarder avec les lièvres, manger des fruits que je n'ai jamais vus, me battre avec les loups, grimper sur les roches, me mirer dans les lacs.

La chèvre est immobile, sa barbiche ne bouge plus.

— Pourquoi fermez-vous les yeux ? demande-t-il.

— Parce que je m'endors.

— Ce que je dis est endormant ?

— Non, mais si j'écoutais encore...

— Quoi ? Vous avez envie de pleurer ?

— Je n'ai pas envie, répond-elle lentement, je pleure vraiment dans le fond de mon cœur.

Elle ouvre ses yeux secs.

— Ce n'est pas ton malheur qui me fait pleurer, mais ta folie, enfant ! Sais-tu ce que tu viens de dire ? Sais-tu pourquoi tu parles ? Sais-tu à qui tu parles, mouton capricieux ? Chèvre. Je suis une chèvre. Regarde mon poil, il est laid, n'est-ce pas ? Regarde mes flancs, ils sont maigres, n'est-ce pas ? Regarde ma barbiche, mes cornes, mes sabots, mon poitrail. Je n'ai ni beauté, ni élégance, ni manières ; je suis un mélange de mouton, de porc et de vache ; et j'appartiens aux miséreux. Je suis la vache des pauvres parce que je me contente de manger des racines, du chiendent et des chardons quelquefois. Je suis une dégénérée.

Sais-tu pourquoi ? Parce que mon arrière-grand-père, qui était un mouton racé autant que toi, avec de bons yeux, de la laine épaisse, des pattes sèches et une belle santé, est parti un jour à l'aventure, comme tu veux faire. Il a sauté son clos ; il a pris la même route qui t'attire tant. Les yeux sur le neuf, il est allé respirer des cieux inconnus. Après quelque temps, il s'est ennuyé. Il a maigri, il a pleuré, il a perdu sa route. On l'a battu, ridiculisé, méprisé. Il a traîné dans la poussière des chemins. On se le renvoyait de ferme en ferme, pour rire de lui.

Alors, il s'est enfui sur le haut d'une montagne où il y avait des rochers géants. Dans une source, il s'est regardé ; il a eu peur. Il s'était tellement battu contre la vie qu'il lui avait poussé des cornes. Il faisait si peu souvent sa toilette qu'il lui pendait une horrible barbiche. Sa belle laine était tombée : une longue couverte de poil rugueux lui pendait sur les flancs. Il avait trahi sa race, perdu son destin et ses descendants se sont appelés chèvres. Moi, je suis une chèvre. Tu veux devenir comme moi ?

La chèvre le fixe avec colère ; lui, la bouche entrouverte, souffle comme s'il était fatigué. Il bégaye :

— Alors, je suis heureux ?

— C'est comme on veut, jeune homme.

— Vous l'êtes, vous ? demande-t-il en bafouillant.

— J'essaie de l'être. Au bout de ma corde ici, sur ma butte de glaise, dans mon carré de chiendent en face de mon auge sans eau, serais-je donc plus libre que toi ?

— C'est dans ma tête alors que ça ne va pas ? questionne poliment le petit.

— Ça part toujours de là, affirme-t-elle. Crie, distoi mécontent, fais du bruit, répands la haine autour de tes maîtres, forge-toi des raisons de gémir. Soulève tes frères, d'ici j'assisterai à votre ruine.

— J'ai un mauvais esprit, alors ? Je ne savais pas, confesse-t-il humblement.

— Les mauvais esprits ne savent jamais qu'ils sont si mauvais.

Il est bouleversé. Il tourne, revient et déclare :

— Je vais me corriger. C'est parce que je suis trop bien, je crois. À force d'être heureux, on devient exigeant.

— Tu vieilliras, petit.

— Je m'en vais maintenant. Excusez-moi.

Il fait adieu de la tête et dit :

— Je serai heureux.

— Ta vérité est de l'être plus que moi, lui crie la chèvre. Il y a ta laine, ta viande, tes petits, ton cuir, tes nerfs. Moi, je me console d'être pauvre en donnant tout ce que j'ai. Et ce n'est pas grand-chose.

Mouton Noir s'arrête, baisse le front et commence à comprendre.

— Vous ne vous ennuyez pas ? demande-t-il.

La chèvre jette les yeux du côté de la ferme de son maître :

— Quand l'envie me prend de maudire mon sort, je pense aux enfants qui boivent mon lait. Et puis il y a le soleil, le coin d'écurie, le silence ; il y a tous ceux qui sont plus malheureux que moi.

Le mouton s'incline avec respect.

— Je m'en vais maintenant, madame. Au revoir !

Et il s'en va en trottinant.

— Va réfléchir, crie-t-elle. Laisse-moi digérer.

Il se retourne une couple de fois, la regarde, l'admire dans son cœur de mouton et poursuit le chemin du retour.

* * *

Mais quelle scène voit-il en arrivant chez ses frères et sœurs ! La jeune moutonne blanche, à genoux devant le gardien, un chien berger sans queue, à poil roux et gros collet frisé.

— Je vous en supplie, monsieur le chien, gémit-elle, par pitié ne le battez pas ; il est jeune, étourdi, il ne sait pas ce qu'il fait. Punissez-moi à sa place. Je ferai ce que vous voudrez !

Le chien, une oreille au vent, l'air dédaigneux, répond en ravalant sa langue :

— Je connais mon devoir.

— Ah ciel ! non, continue-t-elle, je vous en conjure, ne le séparez pas de nous. Non. Il ne faut pas. Il mourra de chagrin.

Le chien dit :

— Il a passé l'après-midi à bavarder chez la voisine ? Désobéissance. Il s'est vanté de me battre ? Orgueil.

— Non, non, rentrez vos crocs ; il l'a fait par vantardise, je vous assure ; il n'a aucune malice. Il vous demandera pardon devant tout le troupeau, le museau dans la poussière.

Le gardien revient à sa première phrase :

— Je connais mon devoir.

— De grâce, vous ne lui ferez pas de mal ?

— Je verrai.

— Le voici, piteux et repentant.

Mouton Noir s'avance, ouvertement, sans broncher.

— Grâce pour lui ! crie-t-elle.

— Approche, gronde le chien. Laissez-nous, mademoiselle.

Mais elle a les yeux sur son ami et ne se résigne pas à partir :

— Partagez la punition en deux, monsieur le chien, implore-t-elle ; je suis prête à prendre ma moitié.

— Rejoignez le troupeau, mademoiselle, répète-t-il avec autorité. Je vous appellerai si j'ai besoin de vos services.

— S'il vous plaît !

— Allez !

Elle est bien obligée de partir. Alors, le chien, du coin de l'œil, regarde le coupable.

— Avance, Mouton Noir.

Le coupable avance sans bravade ni forfanterie ; il écoute la remontrance :

— Monsieur n'est pas satisfait de la vie qu'on mène ici ? Monsieur prétend qu'ailleurs, c'est mieux ?

Et le chien ravale sa langue :

— Tu es libre. Pars si tu veux. Cette nuit, la barrière sera ouverte. Tu t'en iras avant que tu ne gâtes le troupeau. Va vivre ailleurs. Quand tu seras miséreux, tu verras ce que tu as perdu. Va errer et finir dans le fond d'un ravin, comme finissent tous les décrocheurs de lune.

Mouton Noir a tout écouté. Tranquillement, il commence, de sa belle voix de jeune mouton :

— Monsieur le gardien...

— Quoi donc ?

— Si vous voulez que je reste, faites-moi la vie plus dure.

Le chien est surpris de ce drôle de désir.

— Tu es fatigué d'être bien ? demande-t-il.

— C'est exact, répond le petit mouton noir.

Le chien réfléchit deux secondes, puis, ironique :

— On te posera un carcan.

— Avec plaisir, dit le mouton transformé.

Et il ajoute avec autant de noblesse qu'il peut :

— Les plus charitables que je connaisse en ont porté toute leur vie.

Le chien le regarde à la dérobée, hausse les épaules et répond :

— Demain, on te posera un carcan.

Mouton Noir, satisfait, s'en va doucement parmi ses frères et sœurs. De loin, le gardien l'espionne, se gratte la tête, tout en repassant ce que l'autre vient de lui dire. À la fin, il murmure en ravalant sa langue :

— Peut-être a-t-il raison, lui !

La légende des pigeons

La journée est finie. Sur une corniche de temple, à deux pas d'un clocher, deux vieux pigeons font leur toilette du soir et s'apprêtent à se coucher.

Elle, la maman-pigeonne blanche comme la colombe, avec des points bleus sur le dos, peigne ses ailes dans un rayon de couchant ; elle roucoule faiblement, comme si elle avait une tristesse à raconter.

Lui, un ouvrier, brun comme une croûte de pain, s'étire, bâille en regardant la ville qui s'allume pour la nuit.

Au faîte du temple, à l'abri des vents froids, les deux pigeons se pressent l'un contre l'autre et se parlent doucement, en attendant le sommeil.

— Dors, ma vieille. La nuit descend.

— Je n'ai pas sommeil.

— Ferme tes yeux. Dors.

— Tout à l'heure.

— Qu'est-ce que tu as ?

Pipio, le père, s'inquiète ; la pigeonne doucement lui répond :

— Tu le sais, ce que j'ai. Fale Bleue n'est pas rentrée.

— Dors quand même. Elle va venir.

Elle regarde son mari et murmure :

— Toi non plus, tu n'as pas sommeil.

— Nous nous inquiétons pour rien.

— C'est demain que tu lui parles ? demande la mère-pigeonne.

— Va falloir... puisque ça te rend malade.

— Oui, ça m'inquiète.

— Je ne peux pas me faire à l'idée que ce soit une méchante enfant, roucoule le bonhomme.

— Il faut faire quelque chose avant qu'elle le devienne, reprend la mère. Ça va si vite ! C'est le troisième soir qu'elle rentre à la dernière lueur.

— Je sais.

— C'est grave. Je n'ai pas le courage de l'instruire. Toi, Pipio, elle t'écoutera mieux.

— Je vais lui parler demain, dit-il posément.

— Pauvre petite !

La mère est songeuse. Lui demande :

— Tu penses qu'elle va là ?

— Elle me l'a dit.

— Hôtel public ! *Pigeonnier moderne !* Je me demande pourquoi ils ont bâti ça. Ils sont à faire le déshonneur de nos filles ; ils sont à faire notre malheur. Le monde est trop savant aujourd'hui ; on a perdu la simplicité. Les mœurs sont en train de se faire enterrer ; les honnêtes sont gênés d'être honnêtes.

— Je suis sûre qu'elle n'est pas coupable, affirme la mère.

— Tu as raison, Fale Bleue n'est pas une tête folle. Mais elle est ignorante, et ça, c'est dangereux.

— Elle est belle aussi...

— C'est grave : belle et ignorante.

La mère penche la tête, tristement :

— Je voulais t'en parler un jour ou l'autre, mais tu es toujours parti à l'ouvrage.

— Une chance qu'il nous reste l'ouvrage pour nous dégourdir, répond l'ouvrier. En travaillant, on crache son poison. C'est beau, l'ouvrage ! Mais dis-moi ce que tu as à me dire, ma pigeonne.

— Le soir, comme ça, c'est le meilleur moment.

— Il ne faut rien me cacher, ma femme. Je t'écoute...

— Aujourd'hui, je l'ai questionnée un peu, pour tâcher de connaître le fond de son cœur. Elle m'a confié qu'elle avait des amis du côté de la gare, des pigeons voyageurs, très gentils, qui lui font des compliments...

— Normal, interrompt le père.

— Qui font la roue autour d'elle, qui l'invitent, qui l'attirent.

— Oui. Ça passe encore.

— Qui veulent l'inscrire dans un concours de beauté.

— Pourquoi ?

— Pour l'exhiber. Le prix, c'est un bracelet aux pattes, une réception à l'hôtel.

— Là, c'est moins correct.

Et Pipio ouvre les yeux bien grands :

— Les pigeons n'appartiennent pas aux cages, mais à l'espace.

— Je ne suis pas allée plus loin avec elle, dit la mère, mais j'ai tout compris. Ça commence par des compliments.

— La flatterie suit de près, puis le piège finit l'histoire, conclut Pipio.

— Il faudrait la guider.

— Lui dire notre beauté, à nous ; pas leur laideur, à eux.

— Pauvre Fale Bleue !

— Demain, je vais la surveiller.

— Elle est franche, heureusement, et ça lui fait échapper des phrases ; elle m'a parlé d'un nommé Plumeau.

— Qui est-il, celui-là ?

— L'ami d'un des maîtres du *Pigeonnier*... Un moineau.

— Qu'est-ce qu'un moineau vient faire là-dedans ?

— C'est lui qui organise les rencontres.

— Oui ! Un moineau ! Pipio enfle la voix. Un de ces timides à petit crâne qui se font croire que le mal est bien, que ça paye.

— Elle a dîné chez lui, hier.

— Où ?

— Aux cuisines de l'hôtel de ville, dans la cour. Il demeure là, lui, sous la gargouille du premier étage.

— Beau moineau, dit tout bas le bonhomme. Nous allons arrêter ça demain.

— Elle le trouve tellement aimable !

— Quand un moineau le veut, il est bien capable.

Et il pense à sa fille :

— Je sais ce qui arrive à Fale Bleue... C'est l'âge. Le temps est venu de l'instruire ; nous allons lui raconter la légende des pigeons.

— Chut...

La mère se baisse.

— Quoi ? fait le père, aux aguets.

— Elle arrive. Elle vient de se poser sur la corniche.

— Tu es sûre que c'est elle ?

— Oui. J'ai reconnu sa fale.

— Je ne l'entends pas.

— Je te dis que c'est elle, répète la mère.

— Pour atterrir avec autant d'habileté, elle n'a pas la conscience tranquille. Dors, ma femme ; ne sois pas inquiète. Elle est rentrée. À demain.

— Bonsoir, Pipio. Je sais que tu vas arranger ça.

Pipio regarde en bas, colle ses ailes, s'écrase sur sa corniche et dit en roucoulant :

— La ville est allumée. Les hommes s'amusent. Dormons.

*   *   *

Fale Bleue se réveilla très tard le lendemain. Les yeux demi-ouverts, elle resta longtemps immobile dans son coin, à réfléchir. Le soleil la baignait.

Distraitement, elle observait les jeunesses du clocher qui se roulaient dans l'air froid, devant l'église.

Son père, Pipio, était parti au travail depuis l'aurore. Sa mère, perchée sur les barreaux du balcon de pierre, la guettait. Soudain, Fale Bleue se lève, tire l'aile, se secoue, se retourne.

— Tu n'as pas envie de nous laisser, Fale Bleue ?

Elle ne répond pas mais dit, sans tourner la tête :

— Je ne déjeunerai pas ce matin, maman.

Puis elle a baissé les yeux comme une jeune fille qui a un secret. La mère est triste et s'en va en tapant du bec sur sa poitrine. Fale Bleue s'avance discrètement au bord de sa terrasse, décolle, plonge, plane gracieusement, fait un détour furtif par-derrière un toit, zigzague et vole dans la direction des pigeonniers. Libre, elle glisse, descend vers son rendez-vous à grands coups d'ailes, et se pose sur un vieil escalier de sauvetage, où l'attend, les mains dans les poches, un moineau de ville, ébouriffé et gavroche.

Ils se saluent.

— Bien dormi, Colombe ?

— Bonjour, Plumeau.

— Le jour est beau, mais il est froid. Ça va ?

— J'ai mal dormi.

— Fatiguée ?

— Oui.

— Tu réfléchis trop, petite.

— ...

— Alors c'est... quoi ? Tu as décidé ?

— C'est non.

— Dommage. Et les raisons ?

— J'ai peur.

— De quoi ?

— De la nouvelle vie où ton maître veut me lancer.

— Ce n'est pas si malin pourtant.

Plumeau explique d'un ton protecteur :

— L'effort que tu as à donner, petite, est celui-ci : ne retourne plus chez vous. Veux-tu mon conseil ? Moi, j'ai vu le monde, je sais la combine. Profite de ce qui passe ; tes parents nuisent à ton avenir ; ils ont fini leur tour. Fais ta vie, Fale Bleue, comme ils ont fait la leur. Laisse tes clochers ; viens avec mon maître, viens commencer la vie brillante et douce, la grande vie avec le loyer moderne, les attentions dues à ta beauté, l'amour, l'aisance. Le siècle veut te fêter.

— Et je refuse, fait la petite pigeonne. Je suis bête.

— C'est dommage, je t'assure !

— Je sais tous les avantages, mais...

— Mais ?

70

— Le oui ne vient pas. Je ne le sens pas dans le fond de mon cœur.

— À cause de quoi ?

— C'est l'église qui me tient.

— L'église ?

Plumeau, moqueur, branle la tête avec pitié.

La petite se défend :

— Je suis née aux cloches, tu comprends. L'après-midi où je suis venue au monde, les cloches chantaient, paraît-il. Maman m'a raconté qu'on baptisait un enfant en bas, tandis que moi, je buvais la vie avec mon bec.

— Sentimentale ! ricane le gavroche. Ne raconte jamais ça à mon maître, tu lui ferais pitié.

Fale Bleue se tait une minute puis demande :

— Tu es sûr que la vie qu'il me promet vaut celle des clochers ?

Plumeau s'approche d'elle, sérieux, les arguments serrés au bord du bec :

— Je le garantis. Tu voyageras. Si tu sors première du concours de beauté, les pigeonniers de tous les pays te recevront. Il te sera défendu de travailler et de penser ; tout te sera permis ; tu seras la reine-colombe et tu oublieras vite le gris de ta corniche. Les plus beaux oiseaux du monde te feront la cour. Tu habiteras une maison blanche, à plusieurs étages. On viendra te féliciter, t'admirer, te peindre même ; on viendra déposer les provisions à tes pieds, parce que tu seras la plus belle.

Fale Bleue est rêveuse.

— C'est éblouissant !

— Puisque je te le dis, continue l'autre rapidement. Crois-moi. Les clochers, c'est bien. Je ne dis rien contre eux. Mais c'est passé, c'est vieux, ça ne suit pas, c'est hier et c'est triste ; il ne faut pas y penser. Je ne méprise pas ton papa, je sais que tu l'aimes, mais avoue qu'il cadrerait mal sur le balcon du *Pigeonnier moderne*, avec l'air piteux et pieux, le bec écorché, le bout des plumes mangé par le travail, les griffes usées. Le pauvre homme, il est de l'ancien monde. On t'offre à toi de ne jamais vieillir, petite, de te promener mollement de plaisir en plaisir sans que jamais tu aies à réfléchir. C'est réfléchir qui vieillit. Regarde tes parents, sévères et ridés... Viens chez les modernes ; tu es admise, tu n'as rien d'autre à faire que d'être belle.

— C'est éblouissant ! répète Fale Bleue, excitée.

— Alors... oui ?

— Je ne sais plus.

— C'est oui ?

— Presque.

— Bien.

Tout à coup, quelqu'un appelle :

— Fale Bleue !

— Papa ! fait la petite en essayant de se cacher.

— Qui ? demande Plumeau, le bec entre les pattes.

Pipio s'avance lentement :

— Je suis le vieux écorché, mangé par le travail, et j'habite les cloches. Ne partez pas, monsieur. Je suis Pipio, le père de Fale Bleue. Reste, toi aussi, Fale Bleue. Présente-moi.

Faiblement, elle dit :

— Plumeau.

— Excusez-moi d'arriver comme ça dans votre escalier.

Plumeau répond avec ce petit air froid des moineaux :

— L'escalier est public, monsieur.

— Tant mieux, dit le bonhomme. Je ne veux pas vous intimider une seconde. Je peux savoir qui vous êtes, monsieur ?

— Secrétaire et confident de mon maître, propriétaire du *Pigeonnier moderne*, répond l'autre en se gonflant le plus possible.

Pipio dit simplement :

— Moi, ouvrier, monsieur Plumeau. Mais non, ne tremblez pas, ça me fait plaisir de vous connaître. Vous pensez que je vais vous battre ? Au contraire, non. Je vous écoutais parler. Franchement, c'est éblouissant, mais c'est un peu triste à cause du manque de fond...

Et il s'approche :

— Je crois plus aux prises d'idées qu'aux prises de bec ; parlons, discutons en amis. Si vous êtes le meilleur, je vous donne la patte ; plus que ça, je vous laisse Fale Bleue ; mais si je gagne, vous n'achalerez plus ma fille. N'est-ce pas un arrangement honnête ? Qu'est-ce qu'il y a ? Qu'est-ce que c'est ?

Il attend, mais Plumeau ne répond pas.

— Le modernisme ? Mais, monsieur, je suis pour ça à deux ailes, certain. Je suis prêt à déménager avec vous, à ne plus travailler, à crier votre méthode sur les toits, à vous amener tous mes amis, si votre méthode est meilleure que la mienne. Je ne suis pas un entêté dans les vieilles coutumes comme vous le pensez, un fanatique des clochers ; si je suis ce que je suis, c'est que je n'ai pas trouvé mieux ailleurs. Expliquez-moi votre science nouvelle ; si elle est meilleure, je l'accepte sans hésiter. Je n'attendrai pas même d'être convaincu ; j'attendrai seulement d'être touché. Vous ne parlez pas ? Écoutez, je ne vous fais pas peur ? Voilà ma question bien droite : avez-vous dans votre invention quelque chose qui s'occupe de l'âme ? Parce que je crois à ça. Qui s'occupe du cœur, parce que j'ai des sentiments ; qui s'occupe de la tête, parce que j'ai des idées ! Faut pas que votre théorie soit tout en tapisserie, ça s'use si vite !

Si vous me prouvez que, dans votre institution, on parle d'amour, d'amitié, de charité sans rire ; si on vénère les vieux ; si on respecte la femme ; si on se tourmente pour la vérité ; si on s'inquiète de la beauté, si les dimanches sont gais, les mœurs propres ; si on aime le travail, la famille, monsieur Plumeau, j'embarque, je vais avec vous autres ! Mais à la condition que je retrouve tout ce que je viens d'énumérer, parce que, dans les clochers, on a tout ça. Pouvez-vous me garantir qu'on fête l'honnêteté, que la matière passe en dernier, que l'argent est un outil, pas un but ; que la mort n'est pas morte ?

— ...

— Vous avez bien la voix faible ? As-tu entendu quelque chose, Fale Bleue ? Monsieur est gêné ? Ce n'est pas un ouvrier qui vous gêne, vous, un secrétaire ?

Plumeau ne bouge pas.

— J'habite l'église, du côté est, dans le flanc de la montagne, continue l'ouvrier. Venez me visiter, on se parlera ! Je veux être instruit du siècle ; je suis prêt à fouiller avec vous pour y trouver du bon. Je vous prends par surprise, c'est peut-être pas correct. J'étais caché tantôt, derrière l'isolateur d'un fil de téléphone ; vous dédaignez les coutumes, vous vous moquez de la vertu ; vous voulez qu'on déserte les chantiers, le pire souhait à faire à un peuple ! Non, monsieur. Pourquoi camoufler vos sentiments, vous piler sur l'âme ? Comme tous les oiseaux du monde, vous avez un cœur, ne le cachez donc pas ; il faut vivre avec... nous sommes bâtis pour vivre avec... Les pigeons d'aujourd'hui sont bâtis comme ceux d'il y a dix-neuf siècles, pourquoi leur faire croire qu'ils sont immortels ? Depuis dix-neuf siècles qu'ils habitent les clochers, ils ne se plaignent pas ; pourquoi essayer de nous convaincre que nous sommes malheureux ? Nous avons trouvé la formule pour être contents ; à travers la misère, c'est beau de vivre. Pourquoi ne pas nous laisser tranquilles dans notre simplicité ? Pourquoi nous énerver avec des promesses de plaisirs ? Nous avons la joie, pourquoi nous imposer la folie ? Il est irritant, votre système. Des siècles de pigeons ont été heureux dans les clochers, pourquoi ça ne marcherait plus, rendu à nous autres ?

— ...

— Il y a la légende des pigeons que je voudrais vous conter, monsieur Plumeau. Le temps passe et je vous retiens ? Vous ne parlez pas... Franchement, je suis gêné. Je vais partir. Mais ne laissons pas ça là. Venez me voir ; instruisez-moi, je suis prêt. Viens si tu veux, Fale Bleue. Je ne veux pas déranger ton rendez-vous ; tu es libre.

La petite s'éloigne de Plumeau en disant :

— Je vous suis, papa. Allons-nous-en, roucoule-t-elle. Dites à votre maître, monsieur Plumeau, qu'il manque un clocher à son *Pigeonnier moderne*.

— Ne dis rien de blessant, Fale Bleue. Monsieur Plumeau est peut-être plus calé qu'on pense.

Plumeau, la tête basse, s'approche et dit :

— Voici ma patte. Vous avez gagné.

— On pourrait en reparler chez nous, Plumeau.

— Je ne sais pas. Pour l'instant, j'ai la plume qui me colle dans le dos. Je vais courir dans le grand vent.

* * *

Le soir de ce jour-là, le père Pipio, devant sa femme et sa fille, se promenait orgueilleusement sur sa corniche de pierre, branlant la tête et faisant de beaux gestes d'ouvrier avec ses ailes couleur de croûte de pain.

Il disait la légende qui, depuis dix-neuf siècles, descendait ainsi de père en fils, de la bouche du plus vieux à l'oreille du plus jeune :

— Toujours est-il que le maître entre dans le temple, fâché, la prunelle noire, une barre dans le front, le poing fermé par-dessus un fouet. Il fait le tour des comptoirs. Vlan ! il frappe un bœuf, vlan ! un usurier, vlan ! un trafiquant de bétail. Vlan ! les cloisons tombent, les rouleaux d'argent revolent sur les dalles ; les marchands aux doigts croches prennent le bord. Vlan ! par-dessus les stalles, on se pousse vers la sortie en sacrant. Le maître est fâché ; sa toge houle comme une mer en tempête. Vlan ! il culbute par terre les tables remplies de viande, de marchandises. « Dehors ! crie-t-il, vous souillez la prière ! » Les hommes roulent dehors comme des grains de sable que le vent souffle.

Il a raison d'être fâché, Lui. Un temple, on ne *revire* pas ça en écurie, quand même il y a de l'argent à faire. Le maître va voir au fond de l'église ; il passe par-dessus les boîtes, les pilées de peaux de chèvre, enjambe les câbles ; il veut s'assurer que personne ne se cache.

Qu'est-ce qu'il aperçoit dans un coin, parmi les débris de la fuite ? Une colombe blanche, tout effarouchée, le bec ouvert, les ailes basses, qui ne pouvait pas s'en aller parce qu'elle était attachée par la patte. Elle était bien innocente ; ce n'était pas de sa faute si elle participait aux crimes des hommes ; elle n'était pas faite pour être palpée, salie, touchée par des doigts d'hommes ; elle était faite pour l'air. L'homme s'approche, la regarde, pense à tout ça dans un coup d'œil, la détache, met son fouet sous son bras, la prend dans ses mains, puis marche vers la sortie.

Rendu à la porte, il la lance en l'air, droit en l'air, comme on lance un bâton ; la colombe se met à voler, frôlant la muraille comme une flèche. Toute timide, elle se pose sur la corniche, pour remercier celui qui l'avait délivrée. Elle s'arrête, se penche ; l'homme lui fait signe avec son doigt de rester là. Elle n'a pas désobéi.

Et Pipio s'arrête.

— Voilà la légende, dit-il. Elle a bâti son nid ; là, sur la corniche, elle a eu sa couvée. La première a vu le jour un dimanche que les foules chantaient. Voilà la faveur que le maître a accordée à nos ancêtres : des principes, de la musique d'église, du grand air, la paix au-dessus des statues que personne ne peut voir de proche ! C'est ça. Quoi qu'il arrive, nous ne nous inquiétons pas, parce que Celui qui nous a placés là veille. Nous sommes fidèles, c'est pour ça que nous passons à travers les siècles ; autrement, rien qu'avec notre crâne en terre séchée pour nous conduire, il y a longtemps que notre race aurait disparu de la terre. Le jour où les pigeons laisseront les clochers, ils seront perdus.

Il fait un grand silence.

— Ma légende est finie, Fale Bleue, ma fille, continue-t-il, pars si tu veux, va dans les pigeonniers modernes où les mœurs sont libres. Mais je le sais, moi, tu le regretteras. Ne complique pas ta vie, Fale Bleue. Marie-toi avec un gars de par ici, ou d'un autre clocher.

Regardant au loin, il continue :

— Aime ta corniche, c'est la meilleure place au monde. Pense aux millions de pigeonnes, aussi belles que toi, qui sont passées ici, qui étaient heureuses parce qu'elles obéissaient à la volonté de celui qui fait les oiseaux, les temples, les hommes, les ruines, aussi facilement que, nous autres, nous planons dans l'air.

Il s'arrêta. Les ténèbres tombaient. C'était l'heure du sommeil chez les oiseaux.

Rue par rue, les lumières de la ville s'allumaient en bas. Pipio dit à sa fille :

— Va te coucher, Fale Bleue.

— Bonsoir, papa.

Elle embrassa son père parce qu'elle se sentait toute neuve et imbibée de joie. L'ouvrier dit à sa femme :

— La ville est allumée. Les masques se posent. Le rideau se lève. Dormons, ma vieille. Les hommes s'ennuient.

Le rival

La petite rivière s'en allait doucement dans le matin. Toute fraîche, elle sortait d'un bois, glissait à travers les roseaux, s'amusait sous le feuillage des buissons, et tout à coup, en pleine prairie, entrait dans la lumière.

Ce matin-là, la petite rivière faisait des vagues, des vagues blanches, qui se haussaient comme des fleurs et retombaient gonflées de soleil.

La brume était presque partie. Les herbes des deux rives, têtes courbées, achevaient leur action de grâces.

Dans les aulnes aux tailles minces, de grosses gouttes d'eau faisaient plier les toiles d'araignées.

Sur des souches humides, les corneilles immobiles songeaient à la belle journée qui commençait. Les fourmis étaient au travail et, de temps à autre, un gros bourdon jaune se lançait comme une boule au-dessus du courant et revenait à son point de départ en décrivant un cercle. Le trèfle sentait bon. Les nuages en passant se regardaient dans l'eau ; et bien au fond de la rivière, où sont les roches luisantes sur le sable fin, les poissons circulaient sans se heurter.

Derrière un remous, loin des yeux indiscrets, deux poissons causaient sous un rideau de mousse.

Le plus jeune, les nageoires frémissantes, questionnait l'autre sans le regarder ; il se nommait Poisson d'Or.

Et l'autre, le plus vieux, se promenait aller et retour en faisant des bulles avec sa bouche, et chaque fois qu'il tournait, sa queue donnait un coup de rame ; il se nommait Longue-Haleine.

— Ensuite ?

— Ensuite ?

Et Longue-Haleine continua :

— Ensuite, je suis remonté à la surface. J'ai zigzagué longtemps, puis j'ai rencontré un filet de pêche que j'ai évité. Plus loin, je me suis battu avec une alose, finalement je lui ai échappé ; et fier d'être libre et sans reproche dans cet immense bassin sans fond, j'ai piqué droit sur le soleil et, vers le soir, je ne sentais plus les grains de sel dans ma bouche...

Il fit un silence.

— Ma course était finie ; je venais de traverser la mer.

— Ah ! fit respectueusement Poisson d'Or.

Longue-Haleine poursuivit :

— Il ne me restait plus qu'à chercher l'embouchure du fleuve, puis celle de la rivière, et vous m'avez vu revenir ici.

— Quel grand voyage vous avez fait !

— N'est-ce pas ?

— La rivière a dû vous paraître étroite au retour ?

— Oui. Quand on a vu la mer avaler le soleil couchant, quand on a vu les îles de corail, les vagues qui ouvrent une gueule de la hauteur des pins, les immenses marées, les huîtres qui flottent à l'aventure cherchant une roche où attacher leur vie, quand on a tout vu ça, la rivière paraît petite.

— Ça ne vous ennuie pas de me raconter vos voyages ?

— Non. Ça me fait plaisir.

— Qu'est-ce que vous me disiez des huîtres ?

— Les huîtres ? Elles passent leur jeunesse à la surface des eaux et voyagent tant qu'elles peuvent avant qu'il ne soit trop tard.

— Trop tard ?

— Un jour, une coquille leur pousse sur le dos ; c'est l'adieu à l'aventure ; elles calent au fond, s'agrippent à une roche...

— Et puis ?

— Et puis, ajouta Longue-Haleine, la voix basse, elles font des perles pour racheter leur jeunesse.

— Comme c'est beau ! s'exclama Poisson d'Or. Les huîtres doivent avoir une âme.

— Dans les mers d'Australie, continua le voyageur, j'en ai vu de vraies, avec l'intérieur de la coquille en nacre. Aux îles Ceylan, j'ai suivi des plongeurs qui les ramassaient dans des paniers accrochés à leur dos.

— Quel grand voyage vous avez fait !

— J'ai connu l'abîme où ne va pas la lumière, où c'est glacial, où l'eau est lourde et les buissons pervers. De loin, j'ai vu des serpents agitant des flammes électriques. J'ai vu d'étranges poissons, portant une lampe allumée au bout d'une antenne.

Poisson d'Or rêva à toutes ces choses extraordinaires... Il questionna :

— Avez-vous vu des étoiles vivantes ?

— Il y a tellement de choses à voir dans la mer, repartit l'aventurier.

— Quel voyage !

— N'est-ce pas ?

— Qu'avez-vous vu encore ?

— Beaucoup de choses.

— Quel était votre but, monsieur Longue-Haleine ?

— La loi de l'aventurier c'est : ne t'attache à rien, passe. Je suis un aventurier.

Et il montra ses vieilles nageoires usées.

— Je croyais que vous cherchiez quelque chose, dit Poisson d'Or.

— Je ne cherche rien. Ça te déçoit ?

— Un peu, avoua le jeune.

Puis, hésitant :

— Vous croyez en Dieu ?

— Non.

— Vous allez repartir ?

— Oui.

Longue-Haleine se promena en silence quelques instants, puis questionna à son tour :

— Pourquoi me fais-tu parler ? Que veux-tu savoir ?

— J'ai quelque chose à vous demander, mais c'est très difficile.

— Va donc. On verra. Ne sois pas gêné si je me promène, c'est une habitude ; il faut que je remue.

— Pendant votre absence, je me disais : quand Longue-Haleine sera revenu, je lui parlerai.

— Eh bien, qu'est-ce que c'est ?

— J'aime beaucoup Trembleuse et ma mère, mais ça ne me suffit pas.

— Quel est ton secret ?

— Je veux partir.

Longue-Haleine s'arrêta net :

— Avant d'aller plus loin, tu vas me dire franchement si c'est moi qui t'influence.

— Non. Du tout, répondit Poisson d'Or. J'y pense depuis longtemps.

— Parce que, si c'est moi, je vais me taire ; je ne veux le malheur de personne.

— Je vous jure que ce n'est pas vous. Je viens vous voir, comme on consulte l'itinéraire. Je veux chercher ce que vous n'avez pas trouvé.

— Quoi ?

— Une route.

— Pour aller où ?

— La plus lointaine, une route inaccessible.

— Qui te mènerait à quelle place ?

— Dans un endroit où il faut beaucoup de courage, beaucoup d'idéal.

Les yeux pleins d'ardeur, le jeune ajouta :

— Où l'on cause de la mort avec un grand sourire ; où l'on se donne entièrement, comme quand on se lance dans une chute.

— Qu'est-ce que tu dis ? fit l'autre, étonné.

— Un endroit où il faut de l'âme, poursuivit Poisson d'Or tourmenté.

— Je ne connais pas la route que tu cherches.

— Comment se fait-il ? Vous êtes allé si loin !

— Je suis allé aux glaces, aux diamants, aux sels et presque aux éponges.

— Et nulle part, vous n'auriez donné votre vie ?

Longue-Haleine le regarda et conclut :

— Tu es drôle, toi. On ne veut pas mourir.

— Moi, je le veux.

— Tu es donc si...

— Non. Ce n'est pas le malheur qui m'a rendu ainsi, coupa Poisson d'Or ; c'est peut-être le contraire.

— Fatigué d'être heureux ?

— Oui, avoua-t-il. La chanson de la rivière m'endort. Je veux m'en aller.

— Où ?

— Je ne peux pas le dire.

— Qu'est-ce qui t'attire ?

— Un appel en dedans de moi.

— Je sais ce que tu veux : c'est la liberté. Tu es aussi égoïste que moi.

— Non. Je mourrais pour une cause. Mais il me faut une grande cause.

— Toi, tu mourrais pour une cause ?

— Oui, je le jure.

Longue-Haleine l'examina, réfléchit et murmura :

— Je te crois.

— Alors, voulez-vous m'aider ?

L'aventurier sentait confusément qu'il était en face d'un être au-dessus de l'ordinaire !

— Tu es appelé à une vocation qui me dépasse. Je t'aiderai. Que veux-tu que je fasse ?

— Aidez-moi à convaincre Trembleuse et maman Océane, pour qu'elles me laissent partir.

Longue-Haleine réfléchit encore, s'inclina :

— Je t'aiderai, promit-il.

— Je crois à quelque chose au-dessus de l'amour et de la famille, continua Poisson d'Or ; comme les grands oiseaux des solitudes, je veux rejoindre l'infini.

— Je ne suis pas chrétien, mais je crois en l'extra-ordinaire. Puisqu'il te tourmente, je t'aiderai. Quand veux-tu partir ?

— Ce soir.

— Je te conduirai à la mer, si tu veux.

— Parfait. Après, je me débrouillerai. Comme l'huître, moi aussi je veux faire une perle pour racheter ma jeunesse.

— Je suis ton guide très dévoué, Poisson d'Or.

Puis Longue-Haleine s'en fut voir maman Océane, la mère de Poisson d'or.

— Madame Océane, commença-t-il de loin, je veux vous parler.

— Longue-Haleine ? Venez. Alors quoi ?

— C'est au sujet de Poisson d'Or.

— Ensuite ?

— Vous êtes habituée aux nouvelles de toutes sortes ?

— Parlez.

— Quand elles sont mauvaises, que faites-vous ?

— Je descends chez nous, sans rien dire, me cacher entre les herbes.

— Et quand elles sont bonnes ?

— Je monte à la surface et, bien en vue du ciel, je remercie Dieu.

— Je vous apporte de bonnes nouvelles, dit Longue-Haleine, parce que vous croyez en Dieu.

— Dites.

— Poisson d'Or va vous quitter.

Elle ne faiblit pas. Baissant la tête elle demanda :

— Où va-t-il ?

— Là-bas.

— L'aventure ?

— Au-dessus de l'aventure. Il est venu me consulter tout à l'heure au sujet d'une route que je ne connais pas.

— Quelle route ?

— Il a beaucoup d'idéal, votre fils ; et je viens vous féliciter, madame...

Longue-Haleine finit presque tout bas :

— J'aimerais avoir Poisson d'Or comme chef.

— Je vais le perdre ? demanda la mère.

— J'ai vu beaucoup de gens, beaucoup de choses avec mes yeux, dit l'aventurier. J'ai vu la guerre, les mines qui explosent, les torpilles qui chassent les navires en fuite ; les grèves, les pieds nus des baigneurs, les enfants qui barbotent, les sirènes qui plongent ; la ligne du pêcheur et le bouchon qui danse ; le ventre des canots emportant la jeunesse ; l'hélice des moteurs qui tourne dans l'écume ; le radeau des perdus ballottés sous la lune ; j'ai vu le fond, les oreillers de mousse, où dorment les noyés ; les roches visqueuses où pondent les femelles, dans les joncs sans lumière ; j'ai vu des soleils pleuvoir sur la crête ; j'ai frôlé les bouées rouges, avec leur clochette éternelle ; j'ai bu aux sources ; j'ai culbuté dans les chutes et mangé dans les lacs ; je me suis même battu sur les bancs de Terre-Neuve et puis j'ai filé où l'on pêche les perles ; mais ce que j'ai vu de plus beau, c'est l'âme de votre fils. Je suis un poisson errant comme un oiseau sans nom. Je venais vous féliciter, madame, et vous supplier de le laisser suivre son appel. J'ai fini.

La mère réfléchit et demanda sans lever la tête.

— Quand part-il ?

— Avec votre permission... ce soir, au couchant. Je le guiderai jusqu'à la mer. Ne pleurez pas, madame.

— Non. Je monte à la surface, dit-elle avec courage.

À la surface, il y avait de grands rayons de soleil qui pendaient dans l'eau ; de tout petits poissons passaient à travers, à la queue leu leu. Des brins d'herbes en voyage descendaient sur les vagues ; au bord, pour s'amuser, les libellules se trempaient le bout des ailes.

Maman Océane regarda toute cette vie qui grouillait, pensa au Créateur et lui donna son fils Poisson d'Or, comme à l'église l'enfant de chœur offre l'encens. Son sacrifice était fait. Alors elle partit avec ses vieilles nageoires, et retourna chez elle, dans sa petite baie.

Au même moment, un peu plus loin, à l'endroit où l'eau s'attarde à lécher les roches, Trembleuse, une petite passionnée, causait avec Poisson d'Or, celui qu'elle aimait :

— Monsieur Poisson d'Or est songeur depuis quelques jours.

— Oui.

— Ce matin, je suis allée chez toi, et tu n'y étais pas.

— Non.

— Qu'as-tu ?

— Je n'ai rien.

— Tu me caches quelque chose.

— Mais non.

— Ça t'a pris à la fête, l'autre soir, dans les roseaux ; tu regardais danser les autres, et tu n'as pas voulu danser avec moi.

— Je ne sais pas danser.

— Rubannette est-elle plus belle que moi ?

— Il n'y a pas de Rubannette ; il n'y a personne. Ne me tourmente pas davantage.

— Pourtant au soleil, j'ai vu un dos qui brille, murmura la petite en tournant gracieusement.

— Trembleuse, lui dit Poisson d'Or, tu es la plus belle de toutes les poissonnes ; jamais je n'ai vu des nageoires frémir comme les tiennes ; tu es la plus belle de tous les enfants des eaux ; et, si tu veux le savoir, tous les filets de pêche, tous les hameçons qui pendent dans nos sentiers sous-marins sont là pour te saisir, toi ; ça irait mieux si tu étais moins belle.

— Qu'est-ce que c'est ? Tu ne m'aimes plus ? demanda-t-elle.

— Tais-toi, veux-tu ?

— Prouve que tu m'aimes alors.

— Puisque je ne suis pas parti encore ! cria-t-il.

— Partir ?

Elle resta muette, immobile. Poisson d'Or regretta d'avoir parlé.

— Tu me l'as arraché, Trembleuse. Je ne voulais pas le dire.

— Partir ? répéta-t-elle. Tu veux t'en aller ? C'est donc ça ? Tu prépares l'itinéraire avec Longue-Haleine ?

— Écoute, petite.

— Partir, toi ?

— Oui. Trembleuse, il ne faut pas pleurer.

— Mais je t'aime.

— Je crois que le moment est venu de te parler.

— Poisson d'Or !

— Justement, si tu m'aimes, il ne faut pas pleurer.

— Mais je mourrai.

— Un chagrin de cœur, ça se guérit ; moi je suis moins sûr de guérir.

— Qu'as-tu ?

— Un chagrin dans l'âme.

Elle fit un silence, vira plusieurs tours et dit, affolée :

— Qu'est-ce que c'est ? Est-ce que tu reviendras ? Si c'est un voyage, je t'attendrai autant de marées que tu voudras, je ne bougerai pas d'ici. Quand je t'aurai comme époux, je te veux libre, tout à moi, sans aucun chagrin ni dans le cœur ni dans l'âme. Va te guérir Poisson d'Or, je t'attendrai.

— Trembleuse, prononça-t-il tout bas, je crains de ne jamais pouvoir guérir.

— Quoi ?

— Je ne reviendrai plus, murmura-t-il sans la regarder.

— Où vas-tu ?

— Par là-bas.

— Qui t'attend ? Qui t'a ensorcelé ? Qui te vole ? Où est-elle ?

— Ce n'est pas une autre.

— Qui peut t'aimer plus que moi ?

— Trembleuse !

— Amène-moi.

— Trembleuse !

— Amène-moi, partons, tout de suite ; allons-nous-en. J'avais rêvé une vie d'amour dans le sable de notre rivière ; ou bien là-bas dans la fraîcheur des gros pins, où le soleil ne vient presque pas. Mais si c'est la mer que tu veux, partons. Près de toi, je me battrais contre un requin ! Je n'ai pas peur, partons ! Allons guérir ton mal ; amène-moi, sans adieux, tout de suite.

Elle le suppliait. Lui, perdant sa maîtrise, dit :

— Comme tu trembles !

— Je t'aime !

— Comme tu es loin d'être sage !

— Je t'aime jusqu'à la mort !

— Trembleuse ! cria-t-il douloureusement.

— Poisson d'Or, je ne veux pas te perdre ; je veux boire le sel de l'océan avec toi ; je veux respirer en même temps que toi dans les remous inconnus ; c'est pour toi que je me suis gardée.

— Trembleuse, cesse ! lança-t-il de toute sa force. Je te défends de me crier ton amour. Je te défends de briser mon courage. Je te défends de me ligoter le cœur avec ta passion. Ne vois-tu donc pas, aveugle, que je suis à t'adorer ? Et qu'il ne m'est pas permis de le faire ?

Parce que je me suis réservé pour un autre destin ? Ne vois-tu donc pas que c'est ta beauté qui me barre la route ? Et que je suis ton prisonnier dans cette rivière ?

Il s'arrêta parce qu'il était sur le point de pleurer ; il ajouta sans violence :

— Si tu me comprenais, si tu savais la tempête que je subis, tu partirais devant moi silencieusement, en me faisant signe de te suivre. Et je te suivrais jusqu'à la cascade. Là, dans l'eau froide, où sont les roches pointues et les boules d'écume, nous nous dirions adieu sans pleurs ni cris. Moi, je piquerais dans le fleuve sans me retourner, puis dans la mer, puis... là-bas où je veux aller. Toi, tu reviendrais sagement. Dans les matins de soleil, tu prierais pour moi ; tu te guérirais à la longue, en pensant que j'obéis à un appel plus impérieux que celui d'être ton époux.

Tâchant d'être raisonnable, elle demanda :

— Qui t'appelle ?

Poisson d'Or ne répondit pas.

— Va, dit-elle sans rancœur.

— Trembleuse, je te jure que sur terre tu n'as pas de rivale.

— Va, répéta-t-elle.

— Je me mettrai en route au soleil couchant.

— Va.

— Parce que demain je ne pourrai plus.

Et l'eau grouilla derrière eux. Ils firent silence.

Maman Océane approchait.

— Je peux venir ?

— C'est maman, dit tout bas le fils.

— J'ai pleuré, je ne veux pas qu'elle me voie, murmura la petite.

— File par là.

— Rejoins-moi.

— Aux roseaux. File.

— Mais non, Trembleuse, fit la mère qui était à deux brasses. Ne me crains pas ; j'ai déjà vu pleurer. Je sais ton chagrin. Reste.

— Vous savez, madame ?

Longue-Haleine, qu'on n'avait pas vu, parut à son tour derrière maman Océane. Il s'avança, se promena un peu et dit au fils :

— Je lui ai raconté, Poisson d'Or.

— Et puis ?

— Et puis, fit la mère, le soleil est encore haut ; profites-en, c'est un si long voyage !

Poisson d'Or se pressa contre sa mère.

— Trembleuse et moi resterons. Partez, dit la vieille.

— Non ! cria Trembleuse révoltée.

— Trembleuse, gémit Poisson d'Or, je te jure que sur terre tu n'as pas de rivale.

— Va, dit-elle en se cachant près de maman Océane. Va...

— Adieu, maman.

Et se tournant vers son guide, Poisson d'Or commanda :

— Longue-Haleine, piquons vers la mer.

Et ils partirent tous les deux, en décrivant une courbe, comme des oiseaux dans l'air.

*   *   *

— Partis ! souffla Trembleuse. L'eau ne bouge plus. Le petit sentier de bulles est disparu.

— Pleure, Trembleuse, dit doucement la vieille. Après, nous monterons à la surface, nous irons regarder le ciel.

— Je ne les vois plus, soupira la petite. Mon Poisson d'Or est parti !

— Il y a un grand soleil rouge en haut, dit la mère.

— Maman Océane, qui peut-il aimer plus que moi ?

— Viens là-haut. Là, je te le dirai.

— Qui ?

Toutes les deux filèrent doucement par en haut. Rendue à la surface, la vieille dit :

— Regarde la nature.

— Qui ? répéta Trembleuse, Dieu ?

— Oui.

— Mais pourquoi partir ? Il ne peut le trouver nulle part mieux qu'ici !

Et la mère dévoila le grand secret de son fils :

— *Il cherche le chemin du lac Tibériade, afin d'être compté dans les filets de Pierre.*

Tu sais maintenant où il est parti.

— Allons prier, murmura Trembleuse, pour que mon rival, Celui qui a créé l'eau, me pardonne.

Histoire d'une mouche

Une petite mouche des champs vivait dans une touffe de vieux chaume, derrière une clôture de perches grises.

À chaque aurore, elle grimpait sur un long brin de foin, disait bonsoir à l'étoile du matin, et assistait tremblante à l'éclosion de la lumière. Son amie la lumière, disait-elle.

— Mon amie la lumière ! répétait-elle cent fois par jour.

Coccinelles, guêpes, sauterelles, papillons, fourmis, hannetons, elle voyait tous ces peuples partir pour le travail chaque matin dans le soleil, et intérieurement elle frémissait de joie. Elle aimait la vie, cette petite mouche, l'idéal, et même l'inaccessible. Elle sentait au fond de son âme de grands enthousiasmes qu'elle n'osait dire à personne. Elle voulait posséder un jour la force de faire rejaillir vers le Créateur toutes ces humbles et glorieuses chansons des travailleurs de la nature.

Elle voulait parler, mais ne savait pas quoi dire, parce qu'elle était ignorante ; elle voulait voler majestueusement au-dessus des fleurs en velours, mais ses ailes n'avaient pas d'éclat ; elle voulait enflammer tous les cœurs de ses gens, mais elle avait une faible petite voix. Elle voulait bien des choses.

Elle voulait la concorde par l'amour, la souffrance par l'amour, tout par l'amour, même l'impossible, même la mort !

À chaque lever, en équilibre sur la tête de son brin de foin, elle bâtissait, rêvait de vastes projets sans haine.

Un matin, elle se dit :

— Voilà. Je m'en vais. Je vais m'en aller. C'est trop beau ici, et il n'y a personne pour le dire. Je vais m'en aller. Il faut que je m'instruise ; il faut que je sois savante ; il faut que je sois forte. Je posséderai la magie des mots et des images, la puissance de créer, l'art de travailler, afin de dire ce qui brûle dans mon cœur. J'irai dans les pays civilisés. Je m'approcherai de ceux qui ont lu les livres, de ceux qui ont vécu des voyages, de ceux qui sont au service de la beauté. J'aurai des maîtres, puis je reviendrai raconter à mes frères la merveille de vivre. La lumière de mon champ est la plus belle au monde. Je m'en vais à la recherche de l'état de grâce ; après, je chanterai avec noblesse ce que j'ai à chanter. J'irai voir les abeilles ou les mouches de maison qui possèdent sciences et arts, musées, merveilles et tout. Il le faut. J'irai. Je pars.

Alors, la petite mouche partit, un matin, agitant hardiment ses ailes noires qui faisaient un bruit d'écaille.

Elle s'en alla avec précaution, en suivant le clos de perches pour se guider. Elle traversa même une source d'un seul élan, et salua au vol un régiment de fourmis qui charroyaient du sable. Plus loin, elle aperçut une guêpe géante, aux ailes jaunes, qui fouillait le fond d'une corolle en faisant beaucoup de tapage. Elle faillit perdre son chemin, distraite par la vue de deux oiseaux qui pirouettaient à la hauteur des nuages.

Après avoir marché une partie du jour dans des

endroits inconnus, elle arriva enfin à une petite clôture blanche derrière laquelle s'alignaient des rangées de plantes séparées par des sentiers très propres. C'était un jardin. Adossés à la petite clôture, elle vit des instruments de fer et de bois. L'ordre et le calme régnaient ; en se penchant, elle distingua une maison au loin, à travers les feuilles d'un arbre.

Elle n'eut même pas le temps de souffler un peu, ni de se remettre, qu'un cri de mouche en colère jaillit par en bas, entre les plantes.

— Hé ! Polissonne ! Descends de là ! Va-t'en chez vous. C'est notre clôture !

C'était une bête à patates qui l'apostrophait ainsi.

— Je vous demande pardon, monsieur, s'excusa poliment la petite mouche, est-ce que...

— Descends de là ! Attends que je t'attrape, effrontée ! Tu n'as pas vu « Défense de passer » ? Va-t'en. Je ne te connais pas.

— Pourriez-vous, s'il vous plaît...

— Va quêter ailleurs ! Les riches, c'est par là-bas. Pas gênée, toi ! continua de crier la bête à patates. Venir nous voler en plein jour ! Va-t'en. Laisse-nous tranquilles.

— Ne faites pas tant de bruit, rétorqua la petite mouche ; je ne veux pas de votre récolte.

— Va donc falloir que j'appelle la police ? tempêta l'autre ; je ne te demande rien ; fais la même chose.

— Où suis-je, monsieur, s'il vous plaît ?

— Dans la civilisation. Continue ton chemin, polissonne !

— Vous êtes bien aimable, monsieur.

La petite mouche prit son vol, fit le tour des bâtiments et se posa sur un bardeau de la grange, pour laisser son cœur se débattre jusqu'au bout et reprendre son tic-tac normal.

— Ça commence mal ! se dit-elle tout bas. Je me suis trompée ou bien je n'ai pas le tour. Tout de même ! Mais ce n'est rien. Allons ailleurs. La lumière est certainement quelque part. Confiance !

Reprenant courage, la petite mouche décolla, plongea dans la direction du verger, et s'arrêta sur un banc placé sous un arbre tranquille. Aussitôt, une gentille mouche de maison, aux belles manières, à l'accent distingué, aux ailes luisantes, qui n'avait pas du tout l'air d'un parasite arriva toute sautillante, et se mit à lui parler avec beaucoup de politesse.

— Bonjour, voyageuse.

— Bonjour, monsieur, répondit la mouche des champs.

— Attendez-vous quelqu'un ?

— Non. Je n'attends personne.

— Vous êtes de la campagne ?

— Oui. J'arrive des champs. Je suis venue faire un tour.

— Où allez-vous ?

— Ici.

— Chez des parents ?

— Non. Je n'ai pas de parents ici.

— Est-ce que je peux vous rendre service ? demanda la mouche de maison.

— Vous êtes bien aimable, répondit la voyageuse toute contente.

— Je connais très bien les alentours. Je suis connu partout. Si je puis vous aider, à vos ordres...

— C'est la première fois que je laisse mon canton.

Je demeure derrière un clos de perches, dans une touffe de chaume, dit la mouche des champs.

— Dans une touffe de chaume ? fit l'autre. Comme c'est poétique ! C'est loin d'ici ?

— Pas très loin.

— J'ai toujours rêvé d'aller dans ces pays-là, pour donner des conférences et instruire le peuple, prononça la mouche de maison. J'irai un jour. J'irai.

— Vous seriez le bienvenu. Pourquoi ne le faites-vous pas ?

— Le travail, mon amie! l'enfer du travail !

— Vous êtes une mouche de maison, n'est-ce pas ?

— Parfaitement, mademoiselle, pour vous servir. Qu'est-ce que vous avez ?

— Rien. Je vous regarde.

Et la mouche des champs regardait avec envie la mouche de maison.

— Alors, vous êtes venue faire un tour à la ville ?

— Je suis venue chercher quelque chose, répondit l'autre craintivement.

— Quoi donc ?

— La lumière.

— La lumière ?

— Est-ce que vous ne l'auriez pas par hasard ? Je voudrais être savante, être forte. Je voudrais briser mon ignorance et ma gêne, acquérir des manières, de l'initiative, connaître des gens qui, dignement, ont chanté l'art de passer dans le bourbier. Je voudrais m'instruire, afin de communiquer à mes frères la sagesse des peuples civilisés. Est-ce que vous avez la lumière ?

— Mon petit...

— Chez nous, c'est aéré, c'est paisible. Nous regardons le vent de l'été courir dans les savanes ; nous plongeons notre âme dans la simplicité des choses ; sous le ciel tiède, nous sommes libres ; nous nous bourrons d'images de paix. Les ouvriers font bien leur possible pour fournir les provisions de courage, mais parfois eux-mêmes manquent de courage, et il faudrait quelqu'un avec la lumière au-dessus pour leur aider. Chez nous, c'est beau, vous savez, c'est grand, mais c'est silence, personne n'ose parler parce que nous ne sommes pas assez instruits. Est-ce que vous avez la lumière ?

— Ma pauvre petite...

La mouche de maison, interloquée, ne savait que répondre. L'autre continuait avec ardeur :

— J'ai pris une habitude. À chaque matin, je monte dans un long brin de foin, et je regarde la nature se réveiller, s'incliner, boire le soleil. Et à chaque matin, je suis émue de voir la nature entrer sans tapage dans un jour neuf, un jour qui n'a jamais été vécu, que personne, depuis la création du monde, n'a vu, un jour qui ressemble aux autres, mais qui n'est pas le même, un jour neuf avec des minutes neuves pour des insectes libres, absolument libres. J'ai raison de croire que c'est beau, n'est-ce pas ? Si j'étais plus instruite, plus délurée, plus cultivée, je chanterais ces choses. Ceux qui vivent dans la réalité des prairies savent que le bon Dieu leur fait des politesses ; à notre tour, nous voulons être polis. Est-ce que vous avez ce que je cherche ?

— Mon petit... Nous n'avons pas la lumière ici. Tutoyons-nous, veux-tu ? Je ne te hais pas du tout, tu as de l'idéal, mais je ne crois pas à ça. Il n'y a plus de lumière, mon petit. Tu t'es trompée de chemin. Ton nom ?

— Caboche. Ce n'est pas très distingué.

— Tais-toi. C'est très beau, c'est très entêté, c'est noble et très personnel.

— Le vôtre, votre nom ?

— Dis « le tien » pour me faire plaisir.

— Le tien, ton nom ?

— Je m'appelle Personatus. Oui. Un nom latin qui veut dire : personnage. Plusieurs trouvent qu'il me va. Moi, non. Je trouve ça creux. Tu ris ?

— Mais non. Répète-le.

— Quoi donc ? Est-ce si étrange ? Tu ne sais pas le latin ?

— Non.

— Personatus.

— Personatus. Quand je te connaîtrai mieux, je te dirai s'il te va. Mais je suis sûre qu'il te va.

— Je suis l'auteur de deux brochures, que tu dois certainement avoir lues : *Notre ennemi commun, le parasite* et *Dix façons de manger la mélasse sans se coller les pattes.* J'en suis l'humble auteur. Mais je persiste à croire que ce ne sont pas des chefs-d'œuvre, quoi que tout le monde en pense.

Et la mouche de maison essayait de prendre un air humble.

— Dis-moi maintenant si je peux trouver ce que je cherche, demande Caboche. Parle-moi de ta vie à toi.

— Vie d'enfer, rien d'intéressant, répondit l'autre avec dédain. Hypocrisies, combines, dégoûts. Je perds mon temps à régler des disputes, à étouffer des scandales, à prévenir des fraudes, à apaiser des révoltes, à conseiller mes chefs qui sont des nullités. Tous les jours, c'est à recommencer. Il faut que je rétablisse l'ordre, que je distribue des récompenses, et ça fait des jaloux, des envieux. Je suis détesté. Tu sais l'histoire de ceux qui ont du génie ? Voilà. Tu ris ? Changeons de sujet. Ce n'est pas à moi de dire ces choses. Après ma mort, on ne sait jamais ; tu liras, enfin... tu verras. Changeons de sujet. J'ai l'impression de me vanter, c'est parce que je souffre.

— Je ne croyais pas que c'était ainsi, dit Caboche. Tu dois être malheureux ?

— Certainement que je suis malheureux, affirma l'autre avec conviction. Je me sens tellement seul, parfois, que j'ai des goûts de croire en Dieu.

— Comment !

Caboche recula, perplexe :

— Tu ne crois pas ?

— Pas le temps, trancha Personatus. Je ferais des révolutions si j'avais le temps.

— Pourquoi ne te laissent-ils pas souffler un peu ?

— La jalousie !

— Pourquoi ne t'évades-tu pas ?

— Je crève d'ennui et de désespoir !

— Pourquoi rester dans l'erreur et l'horreur ?

— Ah ! Les hommes ! Comme ils sont hypocrites !

— Pourquoi acceptes-tu qu'on te salisse ? Tu es jeune !

— Maltraité comme je le suis, comment se fait-il que je ne sois pas mort ? Ah ! Si je pouvais partir ! Être libre ! Déserter !

— Pourquoi ne le fais-tu pas ?

— Qu'arriverait-il dans la maison ? Adieu, petit. Caboche, ton nom ?

— Oui.

— Adieu, Caboche. Tu ne comprendrais pas. Dans tes parfums là-bas, pense à un malheureux exploité, que la bêtise humaine essaie d'écraser, parce qu'il tient sur ses épaules les destinées des mouches de maison ! Adieu ! Caboche. Reste au large. Tu es trop fragile et pas assez savante. Ici, tu te ferais manger tout rond ! Adieu !

La petite mouche resta longtemps sur le banc du verger, à méditer toutes ces choses troublantes qu'elle venait d'entendre.

Elle ne pouvait se résigner à conclure que la lumière était introuvable.

Au hasard, elle partit, curieuse, dévida la journée à droite et à gauche, dîna dans une grande feuille de rhubarbe, visita des fleurs qu'elle n'avait jamais vues et des arbres fruitiers, vit des animaux domestiques, fit même un petit tour à dos de bœuf, juste quelques pieds pour rire. Finalement, elle arriva en face d'un rucher d'abeilles.

Jamais elle n'avait vu activité pareille. Jamais.

Chacune se précipitait, essoufflée, gonflée, bougonneuse, par la petite porte, déposait quelque chose dans une cellule et sortait à la hâte, le panier au bout du bras, comme si chacune vivait son dernier jour.

Caboche vint à bout d'en arrêter une au passage.

— Mademoiselle, excusez-moi, je voudrais vous parler.

— Dites, vite, je suis pressée, fit l'abeille en tournant en rond.

— J'arrive des champs.

— Oui, oui, moi aussi, et j'y retourne, dit très rapidement l'abeille ; vite, dites, qu'est-ce que c'est ?

Caboche hésita, puis demanda du mieux qu'elle put :

— Est-ce que vous avez la lumière ?

— Répétez, vite.

— La lumière ?

— Je n'ai pas le temps de jouer, petite imbécile, répliqua l'abeille. J'ai envie de te frotter les cheveux ! Me faire perdre mon temps ! La lumière ? Prends-la, la lumière, elle est dehors. Ça ne te suffit pas ?

Caboche chercha à s'expliquer :

— Vous ne comprenez pas... Comment m'exprimer ? La lumière, ici, en dedans, vous savez ?

— Pas important, pas important. S'il fallait se mettre à réfléchir ici ! À part la nourriture, est-ce qu'il y a quelque chose d'important ? Notre miel n'est-il pas délicieux ?

— C'est bien. Passez. Excusez-moi.

— Je serai en retard et je me ferai battre par ta faute, fainéante ! Voyons, où est mon panier ? Vite, vite, place, place, vite, vite...

L'abeille décolla, disparut. Caboche la regarda s'éloigner :

— Les abeilles sont trop pressées, conclut-elle. Des ouvriers modèles peut-être, mais qui n'ont pas ce que je cherche !

Caboche, alors, pensa à retourner chez elle.

Mais avant de piquer à travers champs, elle regarda là-bas entre les feuilles de l'arbre, et voulut satisfaire un des rêves de son enfance : voir l'intérieur d'une maison.

Toute tremblante, la petite mouche s'aventura donc, gênée et maladroite, jusqu'à la maison et, toute craintive, pénétra dans la cuisine par une fente du châssis.

Elle courut se cacher derrière un calendrier qui pendait au mur et resta immobile, regrettant son audace.

Elle vit beaucoup de choses.

D'abord, derrière le tuyau du poêle, tout près du plafond, sur le mur lisse comme une promenade et réservé aux dignitaires sans doute, quelques grosses mouches de maison circulaient avec beaucoup de sérieux, pour faire descendre leur collation.

Un peu plus haut, la tête dans une fente de bois, les pieds sortis, un vieux grand-père dormait.

À droite, dans la fenêtre, entre la vitre et la toile, à l'abri des curieux, elle aperçut des mouches-madames qui prenaient des bains de soleil.

Et sur le plafond, pendus par une couple de pattes seulement, des jeunesses qui lissaient leurs ailes.

Tout le long du fil électrique, des enfants-mouches se pourchassaient en riant. D'autres se gargarisaient dans le fond de l'évier. D'autres achevaient leur repas sur le plancher.

C'était l'activité, l'ordre et l'abondance.

Au-dessus de la glacière, dans un petit coin très propre et bien éclairé, elle aperçut soudain son ami Personatus. Elle lui fit signe discrètement.

Personatus, qui brassait un souper quelconque (car il était simple cuisinier), se leva, mal à l'aise. Il reprit soudain des allures très dignes et s'approcha, sérieux.

Caboche riait, heureuse, elle s'excusa et dit avec beaucoup de joie :

— Excuse-moi si je me suis permise d'entrer ; je sais que c'est mal ; mais je n'ai pu résister au désir de voir ta demeure. Je m'en retourne chez moi. C'est un rêve d'enfant que je vis présentement. Comme vous êtes installés ! Comme c'est beau ! Comme c'est bien ! Ce que je donnerais pour être ta sœur ! Je te félicite, tu es chanceux. Je suis contente pour toi !

— Qui êtes-vous, mademoiselle ?

— Mais je suis ton amie Caboche.

— Caboche ? Connais pas. Un peu de tenue, ma petite dame !

Et Personatus disparut.

La pauvre Caboche ne répliqua point. Elle fit un grand effort pour bouger. Elle réussit à se faufiler dehors, vola en ligne droite jusqu'au toit de la grange. Là, elle se mit à pleurer.

— Non ! Ils n'ont pas la lumière ici !

Tristement, Caboche, l'insecte sans éclat, partit en direction de chez elle en volant vite, en zigzaguant vigoureusement. Le vent sécha ses yeux.

Tout à coup, passant au-dessus d'un merisier, elle croisa un superbe papillon qui s'en allait en se dandinant à droite et à gauche. La petite mouche reprit courage et confiance, oublia son chagrin, tout le chagrin de toute la journée, et recommença à sourire. Elle se dérhuma discrètement, peigna son petit toupet invisible, épousseta ses épaules, fit volte-face, rejoignit le bel insecte vêtu de poudre d'or et, bravement, avec sa plus belle voix, se mit à causer :

— Belle journée, n'est-ce pas, monsieur ?

— Journée très ordinaire, répondit le papillon.

— Puis-je faire route avec vous ?

— Ça m'est égal.

— Vous allez par là-bas ?

— Vous verrez.

— Monsieur le papillon, je voudrais vous demander quelque chose.

— Je ne sais pas beaucoup de choses, répliqua-t-il.

— Vous savez peut-être celle que je veux ?

— J'en doute.

— Vous avez beaucoup voyagé, n'est-ce pas ?

— Peut-être.

— Je suis un insecte de la campagne, et je suis venue ici, chez les gens instruits ; j'ai même rencontré des aristocrates.

Le papillon se mit à rire. Caboche demanda :

— Qu'est-ce que vous avez à rire ?

— Rien.

— N'y a-t-il pas une aristocratie, monsieur ?

— Je n'ai rien dit, répondit le papillon.

— Mais vous riez ?

— Il y a tellement de choses drôles dans la vie.

Caboche avait perdu le fil de son discours.

— Maintenant, ça me gêne de vous demander ce que je cherche.

— Alors, ne le dites pas. Je n'aime pas beaucoup les questions, dit l'insecte endimanché.

— Monsieur le papillon, vous pouvez m'aider. Je cherche la lumière.

— Quoi ?

— Je voudrais la lumière.

Le papillon s'arrêta net sur une petite butte de terre et montra sévèrement à Caboche le bout de son aile gauche :

— Vous n'avez pas remarqué ça, non ?

— Vous vous êtes brûlé ? Est-ce pour posséder la lumière ? demanda Caboche avec joie.

— Je n'aime pas beaucoup les questions, répéta le papillon froidement. Excusez-moi. Le vent souffle du bon côté ; j'en profite pour tendre mes voiles. Il arrive tellement de choses bizarres dans la vie. Au revoir, voyageuse.

Et le papillon partit sans efforts avec ses belles voiles colorées. Caboche gratta la terre, marcha, tourna, réfléchit longuement.

— Les papillons ont dû être déçus dans leur vie, pensa-t-elle amèrement. Ils sont des libres penseurs, des sceptiques, des insectes volages. S'ils avaient la lumière, ils seraient moins orgueilleux et moins fuyants. Allons, allons. Où est la lumière ?

Caboche se leva, piqua au-dessus des buissons, essaya de se dépouiller de toutes ses images, se fit croire qu'elle se présentait mal ou que ses vêtements de pauvre effrayaient les gens. Elle avait hâte d'arriver chez elle.

De loin, elle reconnut son clos de perches, ses brins d'herbe, et les petites collines de son pays. Elle sauta la source, vira à gauche et rentra en toute hâte dans sa touffe de chaume.

Après avoir raconté son voyage à sa famille, elle grimpa sur sa tige de foin et, dans la pure solitude, se mit à méditer en guettant la descente de la nuit.

À un rayon de lune qui furetait dans la tourbe à ses pieds, elle demanda :

— Toi, où as-tu pris ta lumière ?

Mais le rayon de lune ne répondit rien, parce qu'un rayon de lune ne comprend rien.

La nuit était venue. Caboche s'apprêtait à descendre de son brin de foin pour aller se coucher, lorsqu'une mouche à feu passa près d'elle.

— Madame, madame... cria la petite Caboche.

La mouche à feu tourna et, aidée de son fanal, vint se poser sans tâtonnement sur le brin de foin voisin de Caboche.

— Oui, que veux-tu, mignonne ?

— Madame... Comment fait-on pour avoir la lumière ? J'arrive de chez les hommes et je suis déçue. Où est la lumière ? Comment avez-vous fait pour posséder la vôtre ?

— La lumière ?

— Oui. Je voudrais savoir.

Et la mouche à feu, en gardant allumé son petit fanal, dit :

— Je ne crois pas qu'il soit nécessaire d'aller au loin pour avoir la lumière, petite. Elle est partout, à droite et à gauche, dans les villes et les campagnes. Tout dépend

106

de l'individu. Je connais des savants qui ne l'ont pas, et des gens très simples qui l'ont. La lumière n'est pas une chose qui vient de l'extérieur. La lumière est une chose qui pousse à l'intérieur, dans le tréfonds de l'âme.

— Alors, si je veux posséder la lumière, demanda Caboche, il ne faut pas que je me lance dans le feu, sur les bougies allumées, et les civilisations brillantes, et les hommes éblouissants ?

— Non, dit doucement la mouche à feu. Tu brûlerais tes ailes comme il arrive chaque jour à des milliers d'insectes de toute provenance.

Si tu veux posséder la lumière, sois bonne, aime ta patrie, chante ton pays sur place avec la petite voix que tu as, et non avec une grosse voix que tu n'as pas, et c'est tout. Ça crève les yeux, on voit bien que tu n'as pas l'envie de mourir. C'est l'important. Bonsoir. Marche la tête haute... et prie pour avoir le courage.

— Restez, madame... Vous partez déjà ?

— Je suis attendue plus loin.

— Merci, madame.

Caboche regarda s'éloigner cet être de lumière, qui déjà avait remplacé les cierges dans la célébration des premières messes en terre d'Amérique ; qui, avec les étoiles, faisait la relève de gloire au Créateur pendant le sommeil du soleil ; qui se cachait le jour, mais qui passait la nuit dans les solitudes pour guider les insectes égarés.

— Un beau matin, au coucher de la lune, se dit Caboche comme si elle prêtait un serment, quand je posséderai la confiance en ma petite voix, l'amour de tous mes brins d'herbe, le petit drapeau au-dessus de ma tête qui s'appelle la charité, peut-être que de mon âme, sans que personne ne le sache, sortira une petite lumière...

Drame dans l'herbe

La nature a passé une belle journée. C'est le soir. Le soleil va se coucher tantôt.

Déjà les rayons se creusent des nids dans les têtes d'arbres et doucement s'éteignent. Les parfums rôdent.

Le firmament est dans les lacs et les poissons en pirouettant viennent voir dehors si c'est la vérité.

Les roseaux plient. La brume passe.

Dans un chicot branlant, un vieux grand-père oiseau gronde ses petits-fils qui ne veulent pas faire la prière en famille.

Plus loin les araignées, pirates des grands chemins, bloquent les routes avec des filets.

Il y a longtemps que les fleurs sauvages ont fermé les paupières et dorment, abandonnées au vent.

Un crapaud sonne le couvre-feu là-bas.

Quelques insectes égarés, debout sur des brins d'herbe, essaient de trouver leurs demeures en bas.

Installée sur une fleur brune, une mouche à feu nettoie sa lampe.

Les sources continuent de couler en riant, même la nuit, afin que jamais ne cessent les mercis au Créateur.

La nature a passé une belle journée.

Chez les fourmis, c'est un soir comme un autre. Tout le monde est rentré sous terre. Les portes des galeries sont closes. La plupart des vieux et des vieilles dorment. Le peuple des travailleurs repose dans les cellules. De temps en temps, une fourmi affairée se dirige vers le fond. C'est la paix au monastère souterrain.

Dans les avenues de sable, les gardiens font tranquillement la ronde, marchent sur les promenades, questionnent les fourmillons qui ne sont pas couchés, descendent les escaliers aux petites marches rondes, traversent les ponts de mousse en tâtant les arches.

En arrière, dans la salle des veilleurs, sous une petite rotonde de glaise, quelques fourmis flânent avant d'aller dormir.

Un peu à l'écart, appuyé sur un minuscule caillou, Brunâtre, un garçon intelligent, cause avec l'Ermite, un vieux poète qui sait bien des choses.

— Alors petit, dit le poète, tu trouves que c'est tranquille, ici ?

— Un peu, répond l'enfant.

— Qu'est-ce que tu voudrais ? Des salles de danse comme chez les cigales ? Une liberté comme celle des lucioles ? Un cinéma comme chez les mouches de maison ? Des buvettes comme chez les papillons ?

— Non, pas tant que cela.

— Alors ?

— Je voudrais un règlement plus relâché, un peu plus de monnaie dans mon sac, des amusements plus modernes.

— Mais, nous en avons !

— Où ?

— Nous avons plusieurs salles de récréation.

Et le vieux fait un geste. Le petit insiste.

— Je sais, mais j'étouffe ici. Nous manquons d'air. Nous ne pouvons pas courir sans que la poussière nous

110

étrangle. Il faut rentrer dès le couvre-feu, alors qu'on est si bien dehors dans l'herbe, à se balancer dans les petits hamacs, tout en causant avec les sauterelles voyageuses. Je ne veux pas critiquer, mais tout à l'heure je veillais chez Soigneuse et, soudain, son père m'a dit en bâillant : « Tu ne t'endors pas, petit ? » Ça voulait dire de m'en aller. Je trouve ça un peu sévère.

Le poète baisse les yeux :

— Peut-être.

— Un peu trop économe aussi.

— Peut-être.

Et le jeune, se sentant écouté, poursuit :

— Tenez, nous pourrions facilement avoir des moyens de locomotion, si l'on voulait : un petit système d'autobus à dos de chenille et un service aérien à dos de libellule, pour visiter les colonies voisines. Travailler un peu moins fort, organiser des voyages, des excursions. Dans la loi des fourmis, il n'y a pas de vacances. On refuse de se moderniser. Pourquoi ne pas ouvrir un comptoir de nos marchandises, avoir nos petits bateaux de feuilles d'écorce et vendre nos produits aux étrangers qui demeurent de l'autre côté de la source ?

Le poète lève les yeux, regarde au loin et dit :

— Tu as raison. Nous vivons simplement, humblement, mais on ne peut pas dire que notre peuple n'est pas heureux, n'est-ce pas ? La réputation des fourmis est bonne. Nous avons des mœurs propres, des traditions respectées, des coutumes vieilles mais saines, un folklore, une belle langue. L'émancipation que tu souhaites viendra petit à petit.

Il tape l'épaule de l'enfant avec une de ses pattes, et poursuit :

— Il y a du bon dans ce que tu dis. Ça viendra.

Pour l'instant, remercions Dieu de nous donner la force d'être contents de peu, c'est la sagesse. Nous gagnons notre pain à la sueur de nos fronts. Les peuples qui font ainsi, qui savent vivre sans ambition démesurée, qui s'en vont avec leurs vieux principes, éloignent d'eux, guerres et immoralités, disputes et révolutions. Il ne faut pas nous agiter.

Combien d'étrangers, de touristes, de pucerons et de criquets sont émerveillés de nos villages bâtis avec goût et amour, de notre constance dans le labeur, de notre attachement au sol, de notre esprit de conservation et de prévoyance. Le jour où nous laisserons le fond de la terre pour aller vivre la vie facile en haut dans l'herbe, moi l'Ermite, je te le dis, notre peuple sera en danger de mort.

Brunâtre s'est assis et écoute :

— Que veux-tu, Brunâtre. Regarde-toi. Tu es brun comme la terre, tu es travailleur et fort, tu as bonne santé et bon caractère. N'envie pas le destin des insectes de couleur qui passent leurs journées à prendre des coups de soleil, à boire dans les fleurs, à se baigner dans les rosées, à dormir dans les parfums et à voyager dans les brises. Eux n'ont pas de but. Ils déplacent leur ennui en essayant de rire. Ce sont des errants fragiles, des traqués malheureux qui marchent devant l'hiver comme des esclaves. Ils n'ont ni attaches, ni lois, ni histoire. Ils sont la dentelle de la création, tandis que nous, nous en sommes les possesseurs.

Souviens-toi de la file de parasites qui font la queue à la porte de nos greniers, l'automne, et qui donneraient toute leur fortune pour avoir leur demeure chez nous, à l'abri.

Nous vivons une vie dure et saine, mais heureuse, dans un pays à nous. À nous, Brunâtre, entends-tu ?

Laisse dire et laisse faire. Continuons humblement. Tenons-nous loin des bousculades et des émeutes qui passent et souvenons-nous de la loi qui demeure : « Le pain que tu mangeras, tu le gagneras ». Tant que nous travaillerons, nous serons heureux. Le travail quotidien, c'est le secret pour ne pas s'ennuyer, pour ne pas se gâter et ne pas pourrir dans des habitudes mauvaises et des mœurs déréglées. Si je voulais souhaiter du malheur à notre race, je lui souhaiterais une vie sans efforts.

Puisse le ciel ne jamais oublier de nous faire parvenir chaque jour une petite part de souffrance.

Et le vieux ne dit plus un mot. Brunâtre n'a pas envie de répliquer. Il réfléchit. Puis soudain, il se lève :

— Bonsoir, l'Ermite. Merci.

Tranquillement, en repassant dans sa tête les paroles du vieil Ermite, Brunâtre, le garçon fourmi, s'en va. Il traverse les avenues heureuses, les ruelles de sable, admire la propreté de son village, grimpe sur sa galerie et se terre dans sa cellule.

Il écoute longtemps le silence du peuple en repos, et dit en fermant les yeux :

— L'Ermite a raison : un peuple enraciné dans la terre ne peut pas être malheureux.

Et il s'endort.

*   *   *

Les jours passèrent.

Brunâtre voyait Soigneuse de temps à autre et lui parlait de l'avenir de son pays. La petite écoutait en riant et en lissant son corsage avec ses pattes parce qu'elle était coquette.

Brunâtre rêvait de toutes sortes de surprises pour elle. Elle était si belle, et il l'aimait tellement !

Un midi, alors que tout le monde dînait sur un nouveau chantier qu'on avait entrepris derrière la rotonde, Pansu, l'homme d'affaires des fourmis, rentra sous terre en coup de vent, essoufflé, pâmé et en bafouillant, lança sur le peuple une nouvelle extraordinaire. Il se tenait debout sur la galerie la plus haute et criait avec une joie frénétique :

— La prospérité, mes amis ! La prospérité, mes amis ! Venez voir. Ah ! Nous sommes riches ! Venez, c'est formidable ! Suivez-moi !

Dans le brouhaha et l'excitation, tout le peuple des fourmis laissa vermisseaux et quartiers de mouches, pour se ruer dehors à la suite de l'homme d'affaires, qui courait d'un brin d'herbe à l'autre, éperdu, comme un fou.

C'était vrai. La prospérité était au pays. À vingt-cinq pieds du monastère, en direction du levant, les fourmis aperçurent là dans l'herbe, écrasant fougères et violettes, une énorme montagne de victuailles, un sac de toile géant, rempli à déborder de boîtes de conserves, de pain, de farine, de gruau, de beurre, de fromage, de poisson et de viande, sans compter le lait en poudre, les feuilles de thé, les bidons de sirop d'érable, et plusieurs petites poches blanches remplies de sucre blanc.

Jamais, jamais, on n'avait vu tant de mangeaille à la fois !

On s'informa d'où cela provenait. La sentinelle fourmi annonça que, la nuit précédente, un ours sans poil (elle voulait dire un homme) avait abandonné cette montagne et s'était enfui en faisant beaucoup de tapage. (Elle voulait dire qu'un trappeur effrayé avait jeté son sac de provisions.)

Les fourmis n'en croyaient pas leurs yeux. Tout ce grenier de nourriture, des générations de travail ardu, cette abondance pour des lunes à venir, était là devant eux, à eux, pour eux.

Pansu, grimpé sur le sac, demanda le silence et, au peuple frémissant de joie, il cria :

— Compatriotes, la misère est finie ! La misère est finie ! Mes amis, mes frères !

Il sautait, embrassait tout le monde. Quelques fourmis faciles à émouvoir se mirent à pleurer de bonheur. D'autres improvisèrent une sauterie comique. Jamais, dans leur histoire, pareille réjouissance n'avait éclaté.

— Hélas, hélas, répétait l'Ermite qui se tenait au loin, j'ai peur que l'abondance n'affole mon pauvre peuple !

Pour éviter l'orgie et la bousculade, le grand conseil des fourmis, président en tête, suivi de la garde d'honneur, s'était rendu sur les lieux, guidé par Pansu, pour constater l'authenticité de la chose.

Des ordres furent donnés aux policiers qui gardèrent l'entrée du sac. Et le président lui-même, dans une allocution fleurie, annonça au peuple que distribution juste et équitable serait faite du trésor.

Mais la distribution fut impossible, l'abondance était écrasante ! L'inévitable arriva : des jours durant, on vit l'interminable succession des fourmis autrefois si sages, maintenant devenues hardies et bougonneuses, entrer dans le sac, se gaver de sucre et de sirop, et de viande et de tout, sortir la panse ronde, le souffle plein de hoquets.

Un seul restait dans le fond des souterrains, à réfléchir : l'Ermite. Un matin, il croisa Brunâtre sous la rotonde de glaise et lui dit :

— C'est arrivé !

— Quoi, fit l'autre, jouant l'innocence.

— Le malheur.

— Qu'est-ce que tu veux dire ?

L'Ermite le regarda une seconde, fit la grimace et dit :

— Rien. Tu vas là-bas.

— Oui.

— Vas-y.

— Tu as quelque chose à me confier, l'Ermite ?

— Vaux-tu la peine que je te parle ? Va au sac.

— Tu as l'air fâché ?

Le jeune faisait mine de n'être pas coupable.

— Non, je ne suis pas fâché, dit le poète. Je suis triste.

Il attendit. L'autre, qui était pressé, fit des gestes et, pour s'excuser, dit :

— Réjouis-toi. À ce soir.

— Hâte-toi, lui lança le poète soudain en colère, tu vas manquer ton tour, salaud !

— Quoi ?

Le jeune homme n'était plus pressé du tout.

— Quoi ? répéta-t-il.

L'Ermite s'approcha, l'écrasant de son autorité :

— Je te dis que tu es un salaud.

Puis il se recula :

— Regarde ici, autour de toi, ton village. Il est abandonné ; il s'effrite, les poutres vont nous tomber sur la tête. Les galeries sont désertes. Les ponts s'écrasent, les avenues défoncent, les vers de terre viennent fureter chez nous. Ça sent la mort ici.

Brunâtre se sentit visé. Il chercha une issue, mais en vain.

Alors, il ramassa ses pattes sous lui, s'inclina et se résigna comme font les animaux pris sous l'orage.

Mais la voix du vieillard n'était pas bousculeuse. Elle était triste.

— Ah ! Comme la vie est changée ! Trop de fourmis sont déménagées avec armes et bagages près du sac, dans le seul but d'avoir de la monnaie pour faire la fête. Et tu crois que je peux me réjouir ? Et tu crois que je ne me rends pas compte des conséquences ? Et tu crois que je ferme les yeux ? Que j'accepte vos formules populaires qui essaient de justifier votre conduite d'enfants sans surveillance ? Non, Brunâtre.

On ne voyait plus la face de Brunâtre, cachée dans ses pattes.

— L'abondance est au pays et vous n'êtes pas prudents, continua le poète fourmi. Personne ne pense à l'avenir. Toi, as-tu des provisions pour le futur ? Est-il nécessaire que vous vous gâtiez pour le reste de vos jours ? Vous imaginez-vous que le sac est inépuisable ? Pourquoi ce dérèglement devant la manne ? Cette imprévoyance, ces orgies de parvenus sans intelligence ? Pourquoi vous étourdir et tourbillonner comme si l'abondance devait durer toujours ? Pourquoi faire sauter la sagesse et les mœurs ? Pourquoi ne pas songer à l'érection des foyers futurs ? Pourquoi ne pas remercier au lieu de vous gaver ? Pourquoi vous préparer des jours de tristesse ? Il n'y a pas si longtemps, nous étions heureux, tu te souviens ?

Et dans le fond de son cœur, Brunâtre se souvient du paisible temps. L'autre disait :

— Aujourd'hui, la population est folle parce qu'elle est riche. Elle oublie qu'il faudra continuer de vivre quand la prospérité sera finie. Demain, remarque ce que je te dis, elle sera misérable.

Le sac va se désemplir un jour, n'est-ce pas ? D'ici,

il sent déjà la pourriture, et pas un ne pense à l'avenir. Mais tous accuseront leurs chefs de ne plus avoir à manger quand le sac sera vidé. Peuple insensé ! Et vous viendrez me voir parce que j'aurai prévu, comme la sagesse des vieux me l'enseigne. Qu'est-ce que je vous dirai ?

Brunâtre, qui souffrait, montra sa face. L'Ermite conclut :

— Je commence à croire que la prospérité cause des problèmes plus graves que la famine. Vous auriez pu vous bâtir un futur riant, et votre futur sera sombre, au matin du réveil, parce que vous l'aurez voulu.

S'approchant bien près, il souffla ces mots, très bas :

— Maintenant je vais te dire une chose, petit. Écoute. J'espère que tu as l'œil assez ouvert pour savoir ce que je vais t'apprendre. Soigneuse, ta petite, ta belle, ta promesse, ta vie, c'est une enfant perdue !

L'autre se raidit et lança une plainte :

— Qui ?

— Tu le sais qui. Tout le monde sait qui, prononça très vite le poète. Le nom de son ignoble maître, je vais te le dire.

— Tais-toi. Je le connais, cria l'enfant blessé au cœur. Tais-toi !

En pleurant, le malheureux Brunâtre s'enfuit.

Il erra toute la journée et toute la nuit d'une galerie à l'autre, resta accoudé aux poutres, parlant à la noirceur. Il se roulait dans le sable des avenues abandonnées ; finalement il alla se jeter dans les bras de l'Ermite.

— Je reste ici. Prenez-moi. Je reste. S'il vous plaît, reprenez-moi. Je reste ici.

— Enfin Brunâtre ! Mon petit ! Mais oui, viens !

Le poète le pressa contre lui :

— On viendra à nous, tu verras. Pauvre peuple !
Pauvre peuple !

* * *

Les jours passèrent encore. Comme l'avait prédit l'Ermite,
le sac baissa, s'épuisa, pourrit. Il ne faisait plus dans
l'herbe qu'une tache nauséabonde que le soleil et le vent
achevaient d'effacer.

Le soir vint sur la fête, et le peuple avec horreur vit
le drame dans l'herbe autour de lui : la famine !

On avait perdu l'habitude de la terre. Il fallut quand
même y retourner, puisque c'est la seule qui ne ment pas,
parce qu'elle est souffrante. Mais le malheur plus grand
que tout autre, c'est qu'on avait goûté aux plaisirs.

Le peuple des terriens connut alors la misère ; et la
misère s'endure mal quand on est blasé, quand on a déchiré la vieille loi de l'espérance, du travail, du sacrifice,
de la prière pour le pain quotidien.

Tous les jours, au fond des souterrains, sous la
rotonde de glaise, on voyait la file des fourmis passer
devant les bureaux du charitable Ermite, afin d'avoir de
quoi manger.

Or, un jour, Brunâtre, qui était l'intendant, dit sans
émotion à une cliente :

— Je regrette, mademoiselle. Nos provisions sont
comptées. Mon maître l'Ermite m'a donné ordre de faire
au peuple une seule distribution par jour ; vous avez eu la
vôtre ce matin. Dommage. Trop tard, Soigneuse. Que
veux-tu ! Trop tard ! Marche... Suivant.

Soigneuse sortit sans pleurer, sans demander pardon, parce que son cœur était endurci.

Elle marcha quelque temps au hasard comme une perdue. Puis elle prit une décision. Elle grimpa à un brin d'herbe élevé, s'exposa bien en vue et attendit.

Un monstre avec des plumes et un bec s'approcha d'elle ; elle ne bougea pas, se laissa happer lâchement afin d'en finir.

Pansu, qui était à l'écart et qui la surveillait au bord d'une cachette, avait vu le drame.

Quand l'oiseau fut parti dans l'espace avec Soigneuse dans son bec, tout bas, il dit en ricanant :

— Enfin ! Enfin ! Quel soulagement !

Et à l'aventure il traîna sa laideur, quêtant des plaisirs comme un dégénéré, l'âme entièrement morte à la beauté, à l'espérance, au travail, à toutes ces choses qui durent et qui viennent visiter ceux qui ne s'agitent pas!

Chez les siffleux

L'après-midi baisse doucement à la Noiseraie. Il fait tiède encore et délicieusement triste. Les feuilles tombent.

Tombent aussi en tournoyant ces petites inventions du bon Dieu, qui transportent délicatement jusqu'au sol la graine d'arbre qui fera d'autres arbres.

Les abeilles reviennent des champs. Les criquets, rentrés dans le chaume, se parlent à pleine tête d'une cachette à l'autre.

La peureuse cigale se tait dans l'herbe et écoute la corneille crier de loin : « Le froid, c'est le froid ! » L'été achève.

Le vent joue dans les arbres ; le soleil, pieusement, caresse les débris du mois d'août.

Bien loin, bien loin de chez elle, à quelques pieds d'une sablerie, une demoiselle écureuil a perdu sa route et, seule sur une branche d'arbre, pleure, la tête cachée dans ses petites pattes.

Elle va se désespérer, quand elle aperçoit un jeune siffleux, gris comme une salopette d'ouvrier, qui travaille à couper des racines au fond d'un trou humide.

Elle se penche inquiète, et timidement :

— Pardon, monsieur...

— Oh! Qui me parle ?

— Moi, dans l'arbre au-dessus de votre tête.

— Oh ! Bonjour !

— J'ai perdu ma route, soupire-t-elle. Me diriez-vous le nom du pays où je suis ?

— Vous êtes un écureuil, hein ?

— Oui, monsieur. Mais dites-moi où je suis, voulez-vous ?

— Vous êtes à la Sablerie, mademoiselle.

— Qu'est-ce que c'est la Sablerie ?

— Le pays des siffleux, mademoiselle ; moi, j'en suis un.

— Vous êtes un siffleux ?

— À votre service.

— J'ai perdu mon chemin,

— Vous allez où ?

— Au monastère des marmottes.

— Connais pas.

— On m'a dit que c'était en direction du soleil couchant, près d'un ruisseau,

— Dommage, connais pas.

— Il y a un ruisseau par ici ?

— Une petite rivière, très loin, dans le creux de la forêt.

— Ce doit être l'endroit, merci.

— Vous vous rendez là ?

— Oui, monsieur.

— C'est très loin d'ici, mademoiselle.

Le siffleux roule les yeux.

— Peu m'importe. Adieu !

Elle se prépare à sauter. Il la retient et questionne :

— Vous avez de la peine ?

— Non, répond-elle, vivement, c'est le vent dans les yeux. J'ai couru trop vite.

— Savez-vous quelle heure il est ?

122

— Non. Bonjour !

— Mademoiselle ?

— Oui ?

— Je ne veux pas vous retenir, mais vous n'avez pas le temps de vous rendre là-bas avant la nuit.

— Vous ne me connaissez pas !

— Oh ! À votre goût.

— Je ne suis pas une tortue.

— Ni un oiseau !

— Vous ne voulez pas me faire peur ?

— Non. Nous autres, les siffleux, quand nous allons à la rivière, nous partons avant le lever du jour ; nous emportons des provisions et des armes aussi, car c'est un pays dangereux...

— Je voyagerai par les arbres.

— Quand même, dans les arbres il y a des ennemis. Vous êtes trop petite, il vous arrivera malheur.

— Alors, qu'est-ce que je vais faire ?

— Réfléchissez un peu.

— Je suis trop nerveuse. Que me conseillez-vous ?

— Je ne sais pas... Passer la nuit ici ?

— Ce n'est pas un piège que vous voulez me tendre ?

— Oh ! Puisque vous le prenez ainsi, continuez votre chemin.

Il lui tourne le dos.

— Parlez-moi franchement, monsieur. J'ai perdu ma route...

— Je vous offre du secours, et vous n'en voulez pas, lance-t-il par-dessus son épaule.

— Vous n'attaqueriez pas une demoiselle sans défense ?

— Moi ? Jamais ! Je ne suis pas un loup.

— Vous me conseillez de rester ?

— Quoi ! Si vous voulez.

— Où demeurez-vous ?

— En plein milieu de la prairie. Vous voyez la touffe de chaume ? C'est l'entrée.

— Vous restez sous terre ?

— Je suis un siffleux, mademoiselle.

— Vous vivez seul ?

— Non, avec mon père et un vieillard que nous gardons par charité.

— Vous êtes charitable ?

— Oui, c'est dans la famille.

Elle songe : « J'ai envie d'accepter. »

— Le soleil baisse, vous me remercierez, ajoute le siffleux.

— Vos paroles sont honnêtes.

— Je vous parle sincèrement.

— J'accepte. Je coucherai chez vous. Votre père est-il méchant ?

— Il est comme moi. Nous avons le même caractère. Seulement, il est plus gros. Ne vous effrayez pas.

— Et l'étranger ?

— C'est une marmotte aveugle que nous avons adoptée.

— Douce ?

— Ne craignez rien.

— J'y vais.

— Attendez-moi. Restez là, en haut, pour ne pas salir vos pattes. Je vais finir mon fagot, après quoi nous partirons ensemble.

— Pourquoi ces racines ?

— Des provisions. Nous hivernons sous terre. Nous sommes bien installés, vous verrez. Comment vous appelez-vous ?

— Roussette.

— Un beau nom ! À cause de l'habit roux que vous portez ?

— Justement. Et vous ? Votre nom ?

— Moins joli que le vôtre.

— Dites-moi.

— Trop gênant. Ça fait enfant un peu ; j'aime autant ne pas le dire.

— Qu'est-ce que c'est ?

Le jeune siffleux hésite.

— Je m'appelle Marmot.

— Marmot ? C'est bien. Et votre père, son nom ?

— Siffleux. C'est un nationaliste ; il a gardé le nom de la race. Ne parlez pas d'autre chose que des siffleux si vous voulez lui faire plaisir.

— Et l'étranger aveugle ?

— La marmotte ? On l'appelle Monarque, parce qu'il ne travaille pas et qu'on le garde par charité.

— Votre mère vit-elle ?

— Elle est morte l'an passé.

— Ah ?

— Piège, vous savez ? Cachés dans l'herbe, deux arcs de fer qui s'ouvrent ; un morceau de viande au milieu, clic... Un piège, n'en parlons pas.

Il est sérieux et continue :

— Alors, vous allez au monastère des marmottes ?

— Oui, monsieur.

— Ne dites pas « monsieur », je suis gêné d'avance.

— Oui, Marmot, je vais au monastère.

— Vocation ?

— Non.

— Peine ?

— Oui.

— D'argent ?

— Non.

— De famille ?

— Non.

— D'amour ?

Elle fait un silence, et faiblement répond :

— Oui.

— Peine d'amour...

— Vous riez ?

— Non, je montre mes dents ; c'est dans ma nature, je suis un siffleux. Sautez, venez par ici, nous partons.

Elle saute.

— Oh ! Ce que vous êtes agile !

— Je suis un écureuil, monsieur. Ce que vous êtes fort, vous ! Vous emportez tout ce voyage de racines ?

— Oui.

— Dans votre bouche ?

— Mais oui. Je ne pourrai pas parler ; vous parlerez, vous. Allons-nous-en. Je passe le premier et j'écoute. Ne craignez pas, nous ne sommes pas des loups.

Et les voilà tous les deux qui s'en vont, lui par-devant, avec son fagot dans la gueule, elle par-derrière, qui danse agilement d'une motte à l'autre. Rendus à la touffe de chaume, ils entrent sous terre. Marmot présente la petite égarée à son père :

— Roussette, une demoiselle écureuil qui a perdu son chemin. Elle demande l'hospitalité pour la nuit ; mon père, Siffleux, et Monarque, un ami.

— Bonjour, mademoiselle, dit le père. Tu es bien petite ! Approche, n'aie pas peur.

Elle dit bonjour, timidement.

— Tu as perdu ton chemin ? Ça s'arrange. Tu es chez des amis ici, entre. Tu as peur ? Il est doux comme un aveugle, il n'est pas dangereux celui que tu vois dans le coin ; assieds-toi, tu es bienvenue.

Marmot explique à son père sa rencontre avec Roussette :

— Je coupais des racines dans notre chantier. J'ai entendu parler mademoiselle. Savez-vous où elle voulait coucher ce soir ?

— Non ?

— À la petite rivière des joncs.

— Dans la forêt ?

— Oui.

— Ça n'a pas de bon sens. Marmot, tu as bien fait de l'empêcher de partir ; nous prenons au moins un avant-midi à nous y rendre, et nous sommes plus costauds que toi, ma petite. Tu n'es pas peureuse ! Roussette, ton nom ?

— Oui, monsieur.

— Marmot t'a-t-il dit que c'était un beau nom ?

— Il me l'a dit.

— Bon, Roussette, tu vas nous parler de ton pays. Nous allons te servir à souper. Tantôt je te montrerai ta chambre en arrière de la petite galerie de sable. C'est la chambre voisine de la mienne. Tu vas dormir, je te l'assure ; ça dort, sous la terre. On n'entend rien, on ne voit rien ; c'est dans ce temps-là qu'on se repose. Demain, tu continueras ta route.

— Vous êtes bien charitables, souffle-t-elle, un peu gênée.

— Je suis comme on doit être, continue le bon-homme. Nous n'avons pas beaucoup d'amis, mais à toi j'ouvre ma maison ; tu as l'air d'une bonne petite fille.

— Oh ! non, ne dites pas ça !

Et elle bat l'air de ses petites pattes.

— Pourquoi ?

— Parce que je ne suis pas bonne. J'ai fait de la peine à mes parents ; j'ai déserté ce matin ; j'ai failli causer un scandale, vous savez. Mon père m'a battue.

— Pourquoi ?

— Parce que j'ai maudit tous les écureuils du monde.

— Tu as fait ça ? Pourquoi ?

Le bonhomme lui fait signe de s'asseoir.

— Mon fiancé m'a trompée. Un horrible mensonge... La vie m'est apparue tellement laide que j'ai voulu me suicider.

— Toi ?

— Oui. Alors je suis partie.

— Et où t'en vas-tu ?

— Au monastère des marmottes.

— Peine d'amour. Bon, bon, ça marche. Je te comprends. Ne nous pressons pas.

Il la regarde.

— La vie, c'est une grosse boule de ténèbres que tu ne peux pas traverser ?

— Oui.

— Tout est mensonge, parjure, hypocrisie ?

— Justement.

— Tu serais contente de mourir ?

— Oui, cent fois !

— C'est bien ça : peine d'amour. Tu as l'âme chavirée ? Plus rien qui compte ? Le cœur haché ?

— Oui.

— Je vais dire comme les hommes : vie d'enfer ?

— Exactement. C'est affreux, n'est-ce pas ?

— Certain.

— Je ne crois plus à rien ; je m'enferme dans un monastère pour pleurer le reste de mes jours.

Et la petite se réjouit d'être si bien comprise. Le père dit :

— Tu as raison.

Alors elle est saisie et demande :

— J'ai raison ?

— Oui.

— Ma solution est bonne ?

— Parfaite.

— Pas moyen d'en sortir autrement ?

— Non, fini, fini. Il y aurait une autre chose, plus rapide que de pleurer dans le monastère, si tu voulais.

— Quoi ?

Le bonhomme s'approche d'elle :

— Monte sur la plus haute branche de l'arbre le plus élevé, puis *zoup*, saute !

Elle est terrifiée :

— La mort ?

— Oui, répond Siffleux le père.

— Quand ?

— Tout de suite.

C'est silence dans la maison. Tout à coup, Marmot s'avance :

— Papa, vous êtes fou !

— Écoute, Marmot, allons-nous laisser souffrir cette enfant-là qui n'a rien fait à la vie ?

— Vous êtes sérieux, papa ?

La petite, craintive, demande :

— Vous voulez que je m'enlève la vie ?

— Puisque tu ne crois pas à la lueur.

— Qu'est-ce que c'est, la lueur ?

— C'est l'éclaircie entre deux nuages, l'espérance.

— Mais...

— Mais quoi ?

— Qui vous a dit que je ne croyais pas ?

— Ah ! Si tu crois, c'est une autre histoire. Marmot, passe donc les noisettes.

Le père est de bonne humeur :

— Tu aimes ça, des noisettes ?

— Beaucoup.

La jeune fille respire plus à l'aise, mais elle continue à réfléchir. Le vieux siffleux continue :

— Mange. Tu as de beaux yeux... un bel habit... Tu te fais un parasol avec ta queue quand il fait soleil, l'été ?

— Oui, quand il fait chaud.

— Tu aimes l'été ?

— Oui.

— C'est un beau pays chez vous. J'y suis passé une fois. Les haies, les noisetiers, les aulnes, les buttes, les sources, je connais ça. Il y a des roches plates avec de la mousse ; des écales de noisettes, l'automne, hein ? Je sais. La récolte est bonne ?

— Oui, dit Roussette. J'avais commencé à remplir mon coin dans l'arbre, je me faisais un petit trousseau de provisions. Ce sera pour une autre...

— Ce sera pour une autre... répète Siffleux.

— Ah ! La vie !

Et Roussette soupire longuement. Marmot est ému un peu ; il risque cette phrase :

— Écoutez, mademoiselle, il doit y avoir moyen de vous la faire aimer encore ? Papa, contez donc des histoires.

Le bonhomme proteste :

— Ah non ! Pas d'histoires !

— Dansons, ça va peut-être la distraire ? Je peux aller avertir les grenouilles qu'elles fassent de la musique ?

Le père lui coupe la parole, d'un geste :

— Tu es fou, Marmot ! Danser quand une petite fille a du chagrin ! Non, non, il faut faire silence comme à la fin du monde !

— Vous me faites peur, monsieur le siffleux !

— Comment, dit le siffleux, avec beaucoup de logique, puisque tu aimes ta peine, nous n'allons pas te l'enlever ? Plus que ça, Roussette, pour te prouver que tu as raison, nous partirons tous ensemble.

— Quoi ?

Elle recule étonnée !

— Tout le monde, tous les siffleux de la Sablerie, tout le village, nous entrerons au couvent avec toi.

Marmot intervient :

— Pas moi, merci !

— Marmot aussi.

— Pourquoi tout le monde ? demande la fillette.

Le vieux lui explique tranquillement :

— Parce que tout le monde a de la peine. Toi, c'est l'amour ; un autre, c'est la pauvreté ; un autre, c'est la patrie ; un autre, c'est la maladie. Monarque, tiens, Monarque, l'aveugle, on va l'amener lui aussi. Vivre, ce n'est pas gai pour personne. Nous irons tous au monastère.

— Vous vous moquez de moi ? fait Roussette.

Marmot ajoute :

— Son père, il me semble que vous voulez rire ? Moi, je veux rester ici.

— Rire ? Non.

Le père reprend, sérieux :

— Elle, pour une peine d'amour, elle s'en va ? Les autres peines aussi sont épouvantables. Vivre, c'est dur ; est-ce que je n'ai pas raison ?

Un silence. L'enfant écureuil conclut avec une sorte de pitié :

— Je vois bien que vous ne savez pas ce que c'est qu'une peine d'amour.

Le bonhomme, gravement, réplique :

— Tu penses ?

— Puisque vous mettez cette peine au rang des autres ?

— Écoute, Roussette, dit-il. Tu as rencontré un écureuil malhonnête, pas digne de ton amour ; tu le perds. Tu pleures parce que tu l'aimes ? Mais s'il avait été honnête, aussi sincère que toi, et si, un matin, tu l'avais trouvé mort dans un piège, qu'est-ce que tu aurais fait ? C'est pire, hein ? Perdre quelqu'un qu'on aime, qui nous aime, c'est plus dur que de discontinuer son amour à quelqu'un qui n'en est pas digne... C'est ça, oui ?

— Vous avez déjà eu une peine d'amour ?

— Ma femme partie, oui.

Et Siffleux se retourne.

— Qu'est-ce que vous avez fait ? continue Roussette.

— La lueur... répond le père.

— Ah ?

— Oui. La lueur... parce que sans ça, zoup ! pour vrai.

— Vous avez passé à travers ?

— La vie est cousue de souffrances. Il ne faut pas se laisser embourber. L'espérance, tu sais ?

— Ça fait oublier ?

— Non. Ça donne le courage.

132

— Je ne suis pas courageuse ?

— Je ne te connais pas.

— Vous n'osez pas le dire.

— Tu es surprise un peu par le premier coup de fouet...

— Il y en aura d'autres ?

— Plusieurs.

— Pourquoi ?

— Parce que c'est la vie. Traîne ta charge. Faut pas aller de peine en peine avec révolte. C'est précieux, les peines. Je ne donnerais pas ma confiance à celui qui ne sait pas ce que c'est.

— Qu'est-ce que je vais faire ?

Elle est soudainement très embarrassée.

— Retourner chez moi, c'est l'humiliation.

— Et ce que tu fais, ça s'appelle comment ?

— La lâcheté ?

— Choisis.

— Je choisis l'humiliation.

— Ça paye toujours, conclut le vieux. Des écureuils sans principes comme celui que tu as rencontré, il y en a des millions dans les arbres qui font la roue en se lissant le poil. Ton écureuil ne vaut pas la peine qu'il te fait. Oublie-le, reste toute seule.

Elle songe encore :

— Je crois que je vais retourner chez nous.

— Si tu vas au monastère, tout le village part avec toi, annonce Siffleux. Comprends-tu, Roussette ?

Il s'approche d'elle gentiment :

— Si tous ceux qui souffrent entraient au couvent, on ne verrait que des couvents d'un bout à l'autre de la forêt. Il faut aller là par vocation, non pas pour se cacher de la vie.

Elle fait signe qu'elle comprend.

— Regarde, Monarque, lui...

Siffleux montre Monarque là-bas dans le coin.

— Aveugle... et pas une plainte, jamais.

Marmot ajoute :

— Monarque ne peut pas vous voir, mademoiselle, c'est épouvantable !

Elle considère attentivement ces gens, l'un après l'autre. Le père poursuit :

— Tu décides de retourner à tes noisettes ?

— Oui.

— Bon. J'aime mieux ça que la fin du monde. On danse ?

— On danse, mademoiselle ? dit Marmot qui pirouette.

Elle répond presque en chantant :

— On danse !

— Marmot, ordonne le père, cours au marais avertir les grenouilles qu'elles nous fassent de la musique.

Marmot sort en coup de vent. L'aveugle se lève, laisse son coin, s'approche en tâtant l'air avec son museau. Le père l'aperçoit et lui demande :

— Monarque, qu'est-ce que tu fais ? Tu veux quelque chose ?

— Où est Roussette ? demande-t-il d'une belle voix de solitaire.

— Ici, monsieur.

La petite va à sa rencontre.

— Vous m'accorderez le premier tour de danse, petite princesse ?

— Mais oui, sire.

— Vous me conduirez, à cause de mes yeux.

— Mais oui.

Le père s'est retiré, en murmurant :

— Monarque, un roi !

* * *

On parla encore longtemps ; on dansa, bien après l'heure du souper. Roussette tournait, faisait des révérences avec toute la grâce des écureuils. Marmot, à cœur joie, sautait à faire trembler les galeries. Le père, ému, tordait des bouts de racines autour de ses griffes et, à la dérobée, admirait l'aveugle qui riait au fond de sa chaise de sable.

Tard dans la nuit, chacun se retira dans sa chambre. Roussette s'endormit en rêvant à la danse.

Le lendemain, au premier rayon de soleil, on la reconduisit jusqu'à la haie. L'aveugle était du groupe. Il marchait lentement dans le sentier des siffleux, derrière le père et son marmot, à côté de Roussette qui lui donnait le bras.

— Roussette...

— Oui, Monarque ?

— Ça t'embarrasse de me guider ?

— Mais non !

— Marmot peut bien me conduire.

— Mais non. J'y tiens, parce que vous avez dansé avec moi.

— Il fait soleil, n'est-ce pas ?

— Oui, Monarque.

— Je le sens sur mon museau. Tu ne regrettes pas ton pèlerinage par ici ?

— Je n'ai jamais fait un si beau voyage.

— C'est bon vivre, tu le leur diras.

— Je le leur dirai.

— Allons lentement. Dis-moi les couleurs que tu vois.

— Rouge, jaune, vert, brun, blanc, bleu.

— C'est le vert que j'aime, une couleur que l'on voit les yeux fermés... Nomme-moi les sortes de feuilles vertes que tu as vues dans ta vie.

— Feuille de chou, feuille de fraise, feuille d'érable, feuille de chêne, feuille de noisetier, feuille de hêtre.

— Tu vas revoir tes noisettes ?

— Oui.

— C'est bien. Cette nuit, j'ai rêvé ; je ne rêve pas souvent parce que je ne dors jamais longtemps. J'ai vu la lueur cette nuit... La lueur dont parlait Siffleux, hier soir. Il avait raison, n'est-ce pas ? C'est bon, vivre. Ta peine m'a été profitable. Du fond de mon trou, je me laissais mourir tranquillement. Ce n'est pas bien : il faut vivre.

— Quel âge avez-vous, Monarque ?

— Plusieurs automnes.

— Vous avez dû avoir beaucoup de chagrins ?

— Ma mémoire est plus mauvaise encore que mes yeux. Je sais que le vent est bon, ce matin. Je sors pour la première fois depuis plusieurs jours ; je reprends goût à la souffrance. Il y a de l'oseille par ici. Tu trouves que ça sent bon ? Nous devons approcher de la haie ?

— Nous sommes presque rendus. Siffleux et Marmot nous attendent.

— Tu les vois ?

— Oui, ils sont en avant, grimpés sur une souche.

Et Monarque lui confie un secret :

— Marmot ne t'aurait pas laissée partir si tu avais été un siffleux.

— Vous croyez ?

— Dommage ! Tu penseras à lui quand même ?

— Je ne vous oublierai jamais tous les trois.

Debout sur la souche, Marmot crie :

— C'est ici !

L'aveugle et Roussette s'amènent. Le père Siffleux dit :

— Le commencement de la forêt : la zone des écureuils. Nous n'irons pas plus loin. Tu sais bien ton chemin, Roussette ? Pique sur le soleil.

— Oui, je sais.

— Tu es contente ? Tes yeux brillent.

— Je suis contente. Vous ne venez pas plus loin ? Alors, bonjour Monarque, bonjour monsieur Siffleux, bonjour Marmot !

— Bonjour Roussette, bon voyage ! souhaite l'aveugle.

— Je ne dis rien parce que je ne sais pas dire les mots, fait Roussette, mais vous me voyez courageuse...

— Voyons, ne pleure pas, Roussette, dit le père Siffleux. Saute, pars, c'est l'heure.

— Adieu !

Marmot, tendrement, le cœur dans la voix, dit :

— Bon voyage !

Et Roussette s'en va. Les trois hommes font silence pendant plusieurs secondes.

* * *

— Elle est partie, dit Siffleux à l'aveugle.

— Déjà ?

— Oui. Les oiseaux ne sont pas plus agiles qu'elle.

— Regardez comme elle court, s'exclame Marmot.

— Bien agile, fait le père.

Et Marmot, tout bas :

— Bonjour, Roussette, bel écureuil...

Monarque piétine et demande :

— Dites-moi où elle est ; expliquez-moi sa course.

Le père décrit la course de Roussette :

— Dans les arbres, d'une branche à l'autre, sans se retourner, en plein dans le soleil levant tel que je lui avais dit, elle s'en va sans tâtonner. Les oiseaux font des ronds au-dessus d'elle comme si c'était la princesse des arbres qui passait. Elle fait tomber les feuilles. Là, je ne la vois plus. Son pays de noisettes, c'est un beau pays.

— De quelle couleur sont les feuilles, ce matin ? demande Monarque.

— Rousses comme sa robe, répond Siffleux. C'est fini... Allons-nous-en.

— Bonjour, Roussette ! dit une dernière fois l'enfant siffleux. Venez, Monarque.

Monarque se laisse conduire :

— Elle doit être belle, n'est-ce pas, Marmot ?

— Oui. Si vous voyiez comme le soleil est beau !

L'aveugle répond :

— Je le sens dans mes yeux. Je me rappelle... Allons.

Chez les perdrix

Les sources sont glacées et les roseaux sont morts. Novembre. Les corneilles sont en route. Les hirondelles aussi. Les fauvettes, les grives, les canards, les merles, les rouges-gorges, ils sont tous partis à cause de l'hiver. Même les rossignols ont sauté la frontière. Même les alouettes qui pourtant sont gentilles. Des nids abandonnés tremblent dans les arbres. Celui du chardonnet, une poignée de mousse et de duvet, est tombé d'un buisson. On a déserté le pays. Pourtant on était si heureux d'y vivre, d'y chanter lorsqu'il faisait soleil !

À l'approche des tempêtes, bien des amis nous quittent.

La-bas, à un mille d'ici, je sais un creux de souche où habitent des oiseaux qu'aucune tempête, qu'aucun hiver, qu'aucun deuil ne chasserait. Ce sont des perdrix.

Ils n'ont pas l'éclat du colibri, ni la voix du pinson, ni l'élégance de l'hirondelle, mais ils ont mieux : ils ont l'amour et la fidélité.

* * *

Il neige...

La première neige danse dans l'espace comme une balle de blé quand on bat au moulin.

Sur la plus basse branche d'un pin, pas très loin de la souche, un couple de jeunes perdrix gloussent de choses et d'autres en regardant tomber les flocons blancs.

— Perdrianne... dit le garçon perdrix.

— Oui... répond la fille perdrix.

— M'écoutes-tu encore ?

— Toujours.

— Nous partirons aux premiers beaux jours ; quand viendra le printemps, nous nous marierons. Après Pâques, quand la source boira la neige, je t'enlèverai, je t'emporterai vers les prairies, les champs, au bord du fleuve, où l'on voit loin. Après la fonte...

Et Courlu, l'oiseau perdrix, n'achève pas. Il rêve. Elle s'approche de lui et demande :

— Qu'est-ce que le fleuve ?

Il lui explique que c'est une masse d'eau si large que l'autre côté est invisible même en plein vol.

— C'est géant et ça roule en faisant des collines, dit-il. Il y a des petits bateaux dessus.

— Nous les verrons ? questionne-t-elle amusée.

— Nous les suivrons si tu veux.

— Ah! non, j'ai peur ! Et puis nous reviendrons ?

— Quand tu auras vu les clôtures, les labours, les maisons et les troupeaux.

— Comment c'est fait, un troupeau ?

Elle demande tout parce qu'elle ne sait rien. Courlu lui explique tout ce qu'il sait et tout ce qu'il ne sait pas, parce qu'il l'aime.

— Ce sont de grosses bêtes, répond-il, qui marchent sur quatre pattes.

— Mais elles vont nous manger !

— Elles n'ont pas d'ailes !

— Tu m'as fait peur ! Où as-tu vu tout ça ?

— En accompagnant ton père. C'est assez loin d'ici, dépassé le pays des corneilles.

— Et si l'on se perdait ?

— Je sais le bois par cœur.

Comme elle l'aime ! Il sait le bois par cœur, et le retour et les cachettes. Il a d'avance tout tracé dans sa tête, le parcours du voyage de noces. Il la regarde. En riant elle continue :

— On emmènera papa ?

Puis elle se met à rire :

— Non, c'est vrai. Maman non plus. Ce sera un beau voyage ! Et l'on habitera où au retour ?

— Où tu voudras.

— Par là-bas vers la source, où je t'ai vu pour la première fois.

Et elle pointe dans la direction de la source, avec son petit bec couleur de glaise.

— Gentille Perdrianne, où tu voudras.

— Mon beau Courlu, parle-moi des troupeaux, il faut que je m'habitue.

Alors lui, parle des troupeaux, de leur grande bouche, de leur grosse langue avec laquelle ils avalent l'herbe gloutonnement, de leur pesanteur et de la trace de leurs pieds dans l'herbe. Il ajoute même :

— Ils brisent les clôtures parfois avec leur front quand ils sont fâchés. Je les ai vus.

Elle est toute surprise.

— Où vont-ils en voyage de noces ?

— Nulle part. Ils restent dans les champs.

— Ils ne sont pas libres ?

— Non.

Elle fait la moue délicieusement et dit :

— Ils sont comme moi. J'ai des ailes, mais une clôture aussi. Pas facile à sauter.

— Ta mère ?

— Hélas !

Son ami comprend tout. Une petite inquiétude passe dans les yeux des amoureux. Perdrianne raconte qu'elle s'est fait disputer hier encore :

— Ma mère m'a défendu de te revoir. Papa a pris ta défense ; il a dit : « Je n'en veux pas d'autre que Courlu pour ma fille Perdrianne ». Et ma mère a répondu : « Je ne veux pas de Courlu pour gendre. Il est trop petit ». Qu'allons-nous faire ?

Courlu, l'amoureux perdrix, est humilié. Il revoit clairement dans sa tête l'étranger du mois de juillet dernier, le grand oiseau bleu avec une voix rauque et des plumes blanches sur la fale, que la mère de Perdrianne avait comblé d'honneurs parce qu'elle voyait en lui un prétendant pour sa fille.

— Elle gobe tout, ta mère, tout ce qui est étranger, résume Courlu.

— Papa le lui dit souvent, ajoute la petite.

Et Courlu se fâche :

— Moi, je ne suis pas instruit ; je n'ai pas vu la mer, ni les oranges ni les tropiques ; je n'ai jamais goûté les huîtres ni les poissons rouges, mais je suis de ta race, Perdrianne. Je te comprends, je t'aime. Nous avons les mêmes goûts, les mêmes mots, les mêmes idées. Je suis petit ? Ce n'est pas vrai. Ton père m'a dit souvent que j'avais de l'endurance, que j'étais fort et travailleur ; c'est parce que je suis gêné qu'elle me trouve petit. Tiens, regarde quand j'étends mes ailes, quand je me gonfle, quand je pique mon bec en l'air ; moi aussi, je peux avoir une grande voix, je peux parler fort, donner des ordres, faire craquer les branches.

— Prends garde... nous allons tomber !

Perdrianne est toute tremblante de joie.

— Que tu es beau, Courlu. Pourquoi ne fais-tu pas ça devant ma mère ?

— Parce que je suis gêné, dit le cavalier. Permets-moi de te dire que je la trouve sotte de n'admirer que ceux qui viennent du dehors.

Et les deux amoureux sont contents de si bien se comprendre ; ils se regardent.

Soudain, une voix de mère-perdrix éclate par-derrière :

— Qui traitez-vous de sotte ?

Les deux jeunesses se baissent.

— Surpris ! dit Courlu.

— J'ai peur! fait Perdrianne. Ma mère !

— Où est-elle ?

Mais le petit n'a pas le temps de regarder. Gobeuse, la mère de Perdrianne, est par-derrière :

— Qui fait la grosse voix et qui parle des sots ? dit-elle d'une voix de perdrix contralto.

— N'aie pas peur, Perdrianne. Bonjour, madame. Où êtes-vous ?

— Au-dessus de vos têtes. On complote ? J'arrive bien. Que fais-tu là, ma fille, appuyée à l'arbre dans le creux d'une branche ? Si tu as froid, tu peux rentrer.

— Nous causions, maman.

— Eh bien, continuez...

— C'est que... fait Courlu embarrassé.

— Pas un mot de vous...

— Pardon, madame. Vous posez des questions, laissez-nous y répondre. Nous ne faisons rien de mal.

— Qui donc vous parle, petit monsieur à grosse voix quand il n'y a personne ? Vous perdez l'équilibre tant vous êtes effrayé.

— Pardon, madame, je ne...

Et il bafouille.

— C'est assez ! crie-t-elle. Rentre, ma fille ; prends ton vol la première. Je te suis.

Perdrianne a peur.

— Adieu ! Courlu, glousse-t-elle de sa petite voix.

— Je te rejoindrai tout à l'heure.

— Non, non, ne viens pas.

— Avez-vous fini ? lance de sa hauteur la contralto.

— Pardon, madame... dit encore une fois le pauvre cavalier.

— Inutile, Courlu, fait la petite voix. Adieu !

Et la mère et la fille s'envolent. Elles sont parties. L'amoureux reste là, déconfit ! Il se peigne les plumes avec ses ergots ; il est nerveux, il est malheureux et il murmure :

— Comme je suis faible ! Pauvre Perdrianne !

* * *

— Elle était dans l'arbre, explique sèchement la mère à son mari Gros-Bec. Cette demoiselle avait choisi un pin pour lieu de rendez-vous, parce qu'un pin, avec ses cheveux et sa mousse, semble une bonne cachette. Monsieur lui faisait la cour ; il était même question de voyage de noces ! J'ai tout entendu. Mademoiselle prend les permissions qu'on lui refuse ; mademoiselle désobéit ; j'espère que cette fois ton père va te donner la correction que tu mérites. Agis, Gros-Bec, c'est ton tour de parler. Que penses-tu de ta fille ?

144

La petite se tient au milieu de la pièce, toute gênée. Le bonhomme perdrix, qui ne s'emporte jamais, fait venir sa fille près de lui ; il la regarde, sans attacher d'importance à la mère Gobeuse qui s'agite en arrière, se promène en traînant les ailes, en gloussant des reproches.

Avec douceur, Gros-Bec dit à sa fille :

— Donne-moi quelques bourgeons. J'ai faim. Mets-les là en face. Manges-en, toi aussi.

La fillette est surprise, heureuse aussi ; son père la comprend.

— Non, merci, fait-elle.

— Moi, j'ai faim. J'ai travaillé fort aujourd'hui ; regarde, j'ai commencé un trou au fond de la souche ; ça fera une chambre de plus. Nous étions trop petitement. Mange, Perdrianne. As-tu vu la première neige dehors ? Raconte-moi ta journée.

— J'ai passé l'avant-midi à la source... dit Perdrianne en hésitant.

— Étais-tu seule, ma fille ? interrompit la mère sur un ton plein de méchante joie.

— Laisse faire, ma femme, dit Gros-Bec. Tu m'as dit de la questionner.

Et doucement, à sa fille :

— Tu as passé l'avant-midi à la source, Perdrianne ? Ensuite ?

— Courlu est venu jaser un peu, avoue l'enfant.

La mère s'emporte :

— J'aurais dû m'en douter. Frileux rejeton. Ma fille courtisée par un oiseau semblable. Pauvre, déplumé, sans manières, sans éducation. Quels fous nous sommes, nous les parents !

Le père lance un œil sévère à sa femme. À Perdrianne, il dit :

— Continue le récit de ta journée.

— Cet après-midi, j'ai fait le tour de la butte ; j'ai caché des feuilles vertes, puis je suis descendue à la source encore une fois...

— Qu'il en a à dire ce garçon ! crie la mère Gobeuse en levant les bras au ciel. Il parlait encore dans le pin où je les ai surpris. Malheur de ma vie ! Quelle langue ! C'est une pie, cette perdrix-là !

Mais le bonhomme dresse la tête, s'immobilise, puis d'un geste coupe la parole à sa femme et dit :

— Quelqu'un frappe dehors sur la souche. Ce doit être Courlu.

— Un autre bout de jasette ? fait la mère, le cou en bataille. Si c'est lui, je lui donne un coup de bec. Qui est là ? Entrez.

Et entre... oh ! entre un bel oiseau inconnu, avec le plumage coloré et les yeux verts, et les ongles brillants, oh !

— Bonjour, chère madame, dit-il.

Il est vraiment poli...

— Mes hommages... Excusez-moi, mille pardons si je me suis permis de frapper. J'arrête en passant. Je viens des tropiques.

L'arrivant produit un effet magique sur les gens de la maison. La mère est dépâmée d'un coup, tout à fait. Elle éclate d'admiration, tout de suite comme ça, sans se retenir, devant ce bel oiseau rouge, à fale jaune et à houppe verte, qui a l'air si jeune. Elle s'approche, les yeux étincelants.

— Entrez, mais entrez donc !

Gros-Bec, tout naturellement, se retourne, se gratte le bec avec la patte comme font les oiseaux-ouvriers et dit :

— Tiens, un voyageur ? Qu'est-ce qu'on peut faire ?

Mais la mère prend les devants :

— Pauvre jeune homme, vous avez l'air si fatigué. Entrez, je vous prie ! En trois coups de griffes nerveux, elle a balayé le plancher. Essayant de dominer son émotion, elle ajoute :

— Vous venez des tropiques ? Comme c'est beau !

— Je vole depuis le matin, madame. Au petit jour, je suis parti de très loin.

Penchant la tête, humblement, elle déclare :

— Quelle bravoure ! Vous êtes seul ?

— Oui, madame. Il y a trois semaines que je voyage presque sans arrêt.

— Les tropiques ! Comme vous êtes courageux !

Elle ouvre les ailes dans une sorte de révérence.

— *Dégreillez-vous*, monsieur.

Ah ! Ce mot mal choisi dans une conversation qui allait si bien ! C'est un mot du vocabulaire de Gros-Bec. Dégreillez-vous ! L'autre ne comprend pas.

— Je t'en prie, Gros-Bec... Je ferai les honneurs, intervient la mère, le jabot plein de gloussements. Venez au fond de la pièce, monsieur. Approchez. Mettez-vous à votre aise. Tu ne vois pas que monsieur se meurt de fatigue, ma fille ?

Et la mère se précipite, s'affaire, pousse son mari dans un coin, improvise des phrases galantes, donne des ordres.

— Passez par ici, monsieur. Assoyez-vous sur la mousse. Perdrianne ? Donne des bourgeons à monsieur. Il doit être affamé. Prenez le temps de vous remettre et de lisser votre houppe sans gêne. Si nous vous nuisons, nous pouvons nous retirer. Un voyageur qui vient de si loin, c'est bien la première fois que nos yeux ont le plaisir d'en voir un !

— C'est vrai que je viens de loin. Et l'étranger sourit.

— Comme vous êtes héroïque ! quelle endurance ! Tous ceux qui viennent de loin sont admirables, déclame la mère Gobeuse en le dévorant des yeux. Allez, bon appétit !

Et elle lui pousse les bourgeons et tout ce qu'il y a dans le garde-manger. Le bel oiseau, un peu gêné devant tant d'honneur, s'attable, picore, refait ses forces.

— Comment appelez-vous ces excellentes choses que vous me faites manger ? demande-t-il.

— Des bourgeons, répond la mère en cachant son visage avec une sorte de honte. Dans ce pays reculé, c'est tout ce que nous récoltons. Les bonnes choses nous sont inconnues. Soyez indulgent. Excusez la pauvre souche ; c'est pitoyable de vivre ici ; mon mari est à l'agrandir. Ah ! Si nous avions su qu'un oiseau des tropiques viendrait... des tropiques encore...

L'étranger branle la tête :

— C'est délicieux, tout à fait.

Et il mange.

— Pauvre vous, continue la mère. Vite, Perdrianne, donne les autres bourgeons, ma fille. Ils sont au fond là-bas, dans la réserve.

— Mais si c'est la réserve ? s'inquiète l'étranger, courtoisement.

— Qu'importe, monsieur, qu'importe ! Notre récompense est de vous avoir. Nous vous tenons, nous vous gardons. Vous nous le permettez ?

— Vous comprenez les voyageurs, vous, réplique le passant des beaux pays, avec un sourire d'oiseau intelligent.

La mère fait l'ingénue :

— Dans les tropiques, vous avez dû en avoir d'infiniment plus charmants que nous. Ici, nous ne voyons jamais personne, comprenez-vous ? Qui d'ailleurs oserait se hasarder dans nos parages ? Ah ! Merci d'être venu. C'est le ciel qui vous envoie. Je suis confuse... Ce frugal repas... Mon mari Gros-Bec aurait ramassé des écorces si nous avions su, et des bourgeons de bouleau, mais nous sommes si paresseux quand il neige !

— Neige ?

— Oui. Ce qui est tombé aujourd'hui, explique Gobeuse.

L'oiseau des tropiques fait une petite grimace :

— On me disait que c'était beau, la neige ; c'est plutôt froid et aveuglant quand on est en plein vol.

— Et collant et malpropre, renchérit la mère. Comme vous avez raison ! Un contraste avec les tropiques, n'est-ce pas ?

— Nous n'avons pas de neige là-bas, mais du soleil et des fleurs ; et des roseaux hauts comme ça ; et des fruits et du soleil, et des nuits chaudes. Tout le cours de l'année, c'est toujours le printemps chez nous, toujours du soleil et des parfums.

— Oui, malheur de neige !

La mère s'humilie tant qu'elle peut :

— Comme ce doit être beau chez vous ! Les couleurs de votre habit nous le disent un peu.

— Je n'ai pas fait de toilette, madame, depuis trois jours, dit l'autre modestement, vous n'y pensez pas ! Ce sale temps... Fait-il froid souvent par ici ?

— Hélas ! monsieur, toujours ! Nous nous habituons, nous supportons tout. Le malheur, ça nous connaît. Que voulez-vous !

— Alors, je vous plains.

— Merci, fait la contralto avec émotion.

— Vous n'émigrez jamais ? demande le visiteur entre deux bouchées.

— Hélas ! c'est bien ce qui nous crève le cœur. À chaque automne, les oiseaux partent en bandes. Du haut des pins et des ormes, on assiste à leur rassemblement ; ils s'en vont à tire-d'aile en poussant des cris de joie.

— Pourquoi ne pas les suivre ?

— Parce que... parce que... nous restons. C'est trop loin et c'est cher, et la peur du déplacement, et mon mari Gros-Bec et ses habitudes ! Merci d'avoir pitié de nous !

Gros-Bec en a assez de cette conversation. Il coupe court :

— Moi, je m'endors. Si ça ne vous fait rien, monsieur, je peux coucher chez nous ? C'est assez gênant à dire, vous êtes dans mon nid, vous tasseriez-vous un petit peu ?

— Gros-Bec, grossier ! fait la mère, honteuse, en piquant sa tête sous son aile.

L'étranger s'excuse.

— Ce n'est pas un gros oubli, dit l'ouvrier en riant. Installez-vous comme vous pourrez pour la nuit. Demain, au grand jour, nous nous reverrons. Bonsoir, monsieur. Viens, Perdrianne. Passe au fond.

Perdrianne fait un petit salut et passe au fond de la souche. La mère s'attarde près de l'oiseau des tropiques et glisse tout bas :

— À demain, au soleil, monsieur. J'espère que vous nous excuserez ? Mon mari aussi, vous l'excusez ? Vous êtes bon ! Dites-moi votre nom s'il vous plaît ?

— Mon nom ? Super, madame.

— Oh ! Super... comme c'est beau ! Oh !

— Vite, la mère.

— Super... comme c'est beau ! dit la mère toute rêveuse, en prenant sa place pour la nuit. Ma fille, il s'appelle Super et il vient des tropiques !

— Le mien s'appelle Courlu, maman, déclare fièrement la fillette.

— Le mien aussi, ajoute Gros-Bec. Super ? Connais pas.

* * *

Le lendemain, dans l'avant-midi, Perdrianne et Courlu se sont rencontrés quelque part. La fillette dit à son ami tout le nouveau survenu chez elle : l'arrivée de cet oiseau extraordinaire, l'impression qu'il a produite sur sa mère, et le réveil ce matin, le déjeuner de monsieur au lit, et Gros-Bec qui a dû courir aux commissions, et elle, l'enfant, qui n'a pas fait de toilette à cause de la présence de monsieur dans la chambre. Perdrianne ajoute même :

— Papa a demandé à monsieur de venir lui aider à nettoyer l'ouverture de la souche. Maman s'est opposée en disant : « Monsieur Super n'est pas vêtu pour les gros travaux ». Alors papa a travaillé tout seul ; lui, écoutait les beaux discours de ma mère.

— Toujours sans sortir du nid ?

— C'est elle qui l'en empêchait.

— Elle est sotte, ta mère, je ne me suis pas trompé. Comme c'est triste !

— Sais-tu ce qu'elle a dit ?

— Non.

— Voilà le plus épouvantable !

— Quoi ? Parle vite.

— Je l'ai entendue ce matin lui dire : « Ma fille Perdrianne est à marier. Le plus grand bonheur de ma vie serait de la voir épouser un oiseau des tropiques ».

— Elle veut te donner en mariage ?

Les plumes de Courlu sont toutes hérissées.

— J'ai tellement eu peur quand j'ai entendu cela, continue Perdrianne, que je suis venue à tire-d'aile. Courlu, je ne veux plus retourner chez moi.

— Au contraire, nous y retournerons tous les deux à l'instant !

— Tiens, voici papa, dit la petite.

Et Gros-Bec s'en vient là-bas, de mauvaise humeur. Il atterrit en face d'eux.

— Bonjour, Courlu. Perdrianne t'a conté l'histoire ?

— Elle m'a tout raconté, monsieur Gros-Bec.

— Bon, venez. C'est le temps. Venez.

Il repart, suivi des deux jeunesses heureuses, qui battent l'espace en se touchant du bout de l'aile. La mère Gobeuse, apercevant Courlu chez elle, s'emporte et veut le faire sortir ; elle lui dit qu'il manque d'honneur. Mais le père Gros-Bec prend le devant cette fois, et parle comme un maître, qu'il est en réalité :

— C'est moi qui suis allé le chercher, sa mère. Tu en as assez gobé, me semble ? Faut toujours que je t'empêche de mourir d'indigestion ! Bonjour, monsieur, dit-il à l'oiseau des tropiques. Je vous présente Courlu, un voisin, le fiancé de ma fille Perdrianne.

Cette pauvre Gobeuse, aussitôt :

— Gros-Bec, tu déparles ! Sais-tu ce que tu dis ? Excusez mon pauvre homme, monsieur Super. La misère, que voulez-vous ! Il travaille trop. Ah ! sa tête ! Un crâne, c'est si fragile !

— Je vous en prie, madame, dit Super agacé. Je suis charmé de faire la connaissance de monsieur Courlu. Ne vous gênez pas, entrez. Pardon, je veux dire...

Gros-Bec rit :

— C'est vrai, c'est ma maison.

Et il entre chez lui, suivi des deux jeunes.

— Êtes-vous ici pour longtemps, monsieur Super ? demande-t-il.

— Je voulais continuer ma route, déclare l'étranger, mais madame votre épouse...

— Tu ne vas pas mettre monsieur à la porte ? intervient la mère, le trémolo dans la voix. Un voyageur des tropiques, sans parents, sans adresse, qu'une tempête de sable a poussé loin de chez lui, un pauvre malheureux tout seul, loin des siens. Que t'a-t-il fait pour se faire chasser ainsi ? Ton cœur, Gros-Bec ! Ah! Je l'ai toujours dit, ton pauvre cœur d'oiseau !

— C'est assez ! C'est vraiment assez !

Super, qui vient de parler, se lève, fâché, gratte la terre, roule les yeux. Gobeuse se tourne vers son mari :

— Gros-Bec, qu'attends-tu pour réparer ? Monsieur veut s'en aller ! Comme vous devez souffrir, cher monsieur ! Moi, je vous comprends !

Super, décidé, l'œil dur, crie à pleine gorge :

— Je vous fais mes adieux, madame.

— Quoi ? C'est fini ? soupire-t-elle, le bec ouvert.

— Et si ça continuait, lance le visiteur d'une voix rauque et terrible, je deviendrais fou !

— Seigneur, mon Dieu ! J'ai dû faire une gaffe ! murmure la mère en se mettant une griffe dans la bouche.

— Monsieur Gros-Bec, déclare Super, en se maîtrisant, vous êtes le plus charmant des hommes et je vous admire beaucoup. Soyez sûr que je parlerai de vous si je

retourne dans mon pays. Mais la pâmoison, madame !
Ah ! La pâmoison ! Ah ! Madame ! Pire que la peste !

Il lance ces paroles sur la mère :

— Vous m'avez bien compris, madame ?

— Ah !

Et elle tombe, la pauvre Gobeuse. L'étranger lui
tourne le dos, dit aux deux jeunes :

— Au revoir, mademoiselle Perdrianne et monsieur
Courlu. Vive la simplicité ! C'est la meilleure façon de se
faire des amis. Adieu, monsieur Gros-Bec et merci. Entre
hommes, je vous comprends bien ; il y en a chez moi
aussi, des femmes-oiseaux, qui portent le même nom que
la vôtre.

Et Super, après cette tirade, sort en souriant, prend
son élan et disparaît par-dessus les arbres.

— Il est parti, dit Perdrianne. Ah ! Que j'ai eu
peur ! Et maman qui est évanouie !

— Non. J'ai tout entendu, soupire la mère blessée
au cœur ; j'ai tout entendu ! Le corbeau ! Transportez-moi
dans mon nid ; je vais garder la chambre aujourd'hui et ne
veux voir personne.

— Personne ne va te *badrer* non plus, dit Gros-
Bec. Pauvre femme !

Et le bonhomme réfléchit, se balance sur ses pattes ;
il va pour parler, mais il voit bien que les deux jeunes
n'ont pas besoin de paroles. Alors il s'en va, en disant
avec un petit rire dans l'œil :

— Perdrianne, aie soin de ta mère.

Et il est parti à l'ouvrage. Les deux jeunes sont
seuls, avec la mère humiliée qui se donne des coups de
bec. Perdrianne, heureuse, glousse tout bas :

— Quand la source boira la neige, mon beau
Courlu...

Courlu ne sait pas quoi répondre. Il bat des ailes, sort, regarde le coin de ciel bleu dehors, revient sous la souche et dit, la voix pleine d'amour :

— Je t'enlèverai, belle de mon pays !

Coucher de soleil

Sous un arbre renversé par le vent, un ours avait bâti sa maison, bien dans le creux où sont les racines et les mottes froides.

Personne ne l'avait vu au travail, charroyant de la tourbe et des feuilles ; il avait agi vite et sans bruit.

Comme en une sorte de complicité, buissons et fougères s'étaient entrelacés à sa porte : l'entrée était invisible.

Lui seul, l'énorme poilu sans ami ni maître, savait sa cachette ; chaque fois qu'il revenait de chasse ou de promenade, avant de pénétrer dans son trou, il se grandissait droit, debout comme un homme, scrutait longtemps l'horizon avec ses yeux de sauvage, regardait si on l'espionnait, puis se rabattait soudain et disparaissait sous terre en faisant frissonner les tiges.

Il avait bâti sa maison en bon ouvrier. Il vivait sans tapage, craint et respecté comme un roi de montagne.

Qui pourra dire les rêves interminables qu'il faisait durant ses sommeils d'hiver ?

Chaque printemps, il sortait en même temps que le chaume et les bourgeons d'aulnes, en même temps qu'avril et les retours d'hirondelles, que les sèves d'érable et les fleurs grimpantes.

Il se secouait longtemps au soleil, en bâillant, il reniflait les senteurs, puis s'assoyait, le dos à un arbre, à dix pieds de son antre et essayait sérieusement de reprendre le fil de son rêve.

Mais, réalisant que c'était impossible, il se levait lourdement et, sans rien briser avec ses griffes, il marchait dans le printemps jusqu'au baisser du soleil, en saluant la nature avec sa tête.

Une fin d'après-midi où il y avait beaucoup de gaieté dans l'espace, le gros solitaire, au dos rond comme un campagnard vêtu lourdement, entendit une voix qui sanglotait à quelque vingt pas à gauche.

Il écoute, s'avance, puis se dissimule derrière un buisson. Il aperçoit un lièvre tout jeune qui pleure, les yeux sur ses pattes. Quoi faire ? Un petit lièvre et un si gros ours ! Quoi dire ? L'ours, gêné, s'assied à plat dans l'herbe, les pattes d'avant sur ses genoux, et attend que cessent les larmes.

Quand le lièvre a fini, il demande :

— Qu'est-ce qu'il y a, petit ?

— Oh ! fit le lièvre, figé de peur.

— Tu pleures ?

— Ah !

— As-tu fini ?

— Oh !

— Est-ce que je t'effraie ?

— À moi ! Vite ! Au secours !

— N'aie pas peur.

— Je suis hypnotisé. Je ne puis m'enfuir. Oh !

— N'aie pas peur de moi.

— Un ours !

— Je ne te veux pas de mal. Ne tremble pas si fort.

— Oh !

— Petit malheureux. Puisque c'est ainsi, je vais m'en aller.

Et le géant se lève.

— Il veut me tuer, crie le lièvre.

— Mais non, répond l'ours de plus en plus mal à l'aise.

— Non ? Vous ne me mangerez pas tout de suite ? Vous attendrez que je sois calmé ?

— Pauvre petit !

L'autre continue avec des hoquets dans la voix :

— Pourquoi suis-je né ? Mes jours sont épouvantables ; du lever au coucher, c'est un tissu de craintes ; finissons-en, je n'ai pas de testament à faire. Ouvrez votre gueule, monsieur, et faites vite, d'un seul coup ; appuyez fortement que je ne sente rien. Je suis prêt. Ouvrez. Non ?

— Non, dit l'ours en reculant.

— Le martyre ? continue le lièvre nerveusement. C'est ça que je dois endurer avant de partir ? Hélas, hélas ! Regardez, mes yeux sont secs, je n'ai plus de larmes ; je vous jure que je ne suis pas bon à manger ; j'ai tout le sang à l'envers. Tenez, mes côtes, on peut les compter avec la griffe ; épargnez-moi ou faites vite. Happez-moi ou laissez-moi partir, s'il vous plaît.

— Pars, répond l'ours en souriant. Je ne veux pas te manger, petit malheureux. Je ne mange pas les lièvres.

— Non ?

— Pas moi.

— Vous n'êtes pas affamé ?

— J'ai très bien dîné, merci.

— Que voulez-vous, alors ?

— Rien.

— Mais que signifie ?

— Je passais. J'ai entendu pleurer. Je suis venu.

— C'est tout ?

— Oui.

— C'est sûr ?

— Juré.

— C'est drôle. On dit que votre parole est bonne. Vous ne mentez pas ?

— Je ne mens jamais.

— Je vais vous croire ?

— Petit malheureux. Causons. Qu'ai-je besoin de toi, de ta viande ou de tes services ? J'arrête parce que j'ai le temps, parce que je suis heureux. C'est tout. Causons, si tu veux.

— Je vous crois, causons.

— Tu pleurais, demande l'ours en s'assoyant.

— C'est sûr, vous n'êtes pas dangereux ?

— Pourquoi pleurais-tu ? continue l'ours.

— De la peine.

— Ne reste pas les pieds l'un devant l'autre, prêt à dégringoler, dit l'ours sévèrement. Ne me fais pas insulte. Crois à ma parole.

— Je vais m'asseoir, répond le lièvre en se calmant.

— Et puis ?

— Et puis, je pleurais à cause d'un malheur.

— Bon. Qu'est-ce qui t'arrive ? Si seulement tu veux me le dire... Je peux bien m'en aller, mais après qu'on a dit sa peine à un autre, ordinairement on se sent soulagé.

— Je vais parler. Après tout, qu'importe ! Voilà. Nous fêtons les noces d'or de mes grands-parents demain soir, quand le soleil descendra. Ils veulent donner une grande fête dans la savane pour grand-papa et grand-maman ; c'est leur deuxième anniversaire de vie ensemble ; et l'on me charge, moi, parce que je suis jeune, d'aller prévenir les cousins et les beaux-frères, et les oncles et les tantes, qui demeurent au Désert brûlé. J'ai ordre de les conduire ici, eux et tous les lièvres que je rencontrerai.

— Mais c'est bien, fait l'ours, content. Ils font honneur à ton agilité. Tu pleures pour ça ?

— Vous connaissez le Désert brûlé ? demande le lièvre.

— Non.

— C'est par là-bas, à un mille après le bois que l'on voit, où le feu a passé il y a deux ans.

— Et puis ?

— Et puis, il y a un renard caché dans le bois, souffle le lièvre les yeux grands ouverts. Je l'ai vu ! Souvent, la nuit, je l'entends hurler sa longue note qui finit mince comme une brise. J'ai peur. On me dit que c'est idiot d'avoir peur, qu'il n'y a pas de renard, mais personne ne veut m'accompagner. Voilà. Si je pleure, c'est que je veux vivre ; je ne veux pas me faire étrangler. À mon âge, pensez-y. J'ai peur, et je pleure.

L'ours s'informe :

— Tu es sûr qu'il y a un renard là ?

— Oui. Je l'ai vu.

— Et personne ne veut t'accompagner ?

— Je les comprends. Tous les lièvres de ma famille sont occupés à charroyer des écorces et des branchettes de cèdre, et des bourgeons de petits érables, et des cœurs de trèfle, et des fleurs ; on prépare des mets avec des pelures que les aînés sont allés cueillir à la porte d'une maison, la nuit dernière. C'est mon frère le plus vieux qui prépare tout.

— Il veut faire une belle fête, c'est bien !

— Mais moi, continue le lièvre, il m'a mis brusquement dans le sentier dangereux en me disant : « Va chez les parents ». Il n'a pas pensé que j'étais le plus petit de tous. Je veux faire ma part tout de même ; ah, pourquoi suis-je né !

— Attends un peu...

Après un silence, l'ours ajoute :

— Moi, je t'accompagnerai.

— Quoi! fait le lièvre, étonné.

— J'irai avec toi.

— Vous m'accompagnerez, vous ?

— Oui.

— Pour vrai ?

— Un ours dit toujours la vérité.

— Ah !

— Allons. Prends le devant, vitesse moyenne ; fais de petits sauts, je te suivrai ; et si tu as peur, si tu vois bouger la verdure, tu passeras derrière moi. Allons.

Il se lève.

— Vous ? dit le lièvre ému. Ah ! Vous êtes mon ami ?

— Petit malheureux, si petit, si frêle ! Le soleil est bon. Dans une heure, nous serons revenus. Essuie tes yeux.

— Vous ferez le retour avec moi ?

— Promis.

— Vous n'avez rien à faire, personne ne vous attend ailleurs ?

— Rien. Je suis seul au monde. J'ai le temps, je suis mon chef et je suis heureux. Partons.

— Ah! fait le lièvre, la bouche ouverte.

— Au fait, ton nom? demande l'ours.

— Mon nom ? Pressé.

— Moi, je ne le suis pas, je m'appelle Poilu. Marchons.

Les deux amis, Poilu, gros comme un tronc de chêne, et Pressé le lièvre, long comme une patte d'ours, s'engagent dans le sentier dangereux qui mène au Désert brûlé, chez les cousins lièvres par-delà le bois, où un rusé renard reste des heures sans bouger, tapi dans les herbes hautes, guettant les petites proies qui s'avancent.

Une heure passa.

Des cigales chantaient, les feuilles immobiles semblaient les écouter. Le plus beau moment du jour descendait sur la terre.

Quand le petit commissionnaire, à l'ombre de son immense guide, rentra chez lui, le soleil baissait.

Comme il était heureux, le petit lièvre ! Lui, si nerveux et si sensible, il était tellement content qu'il se mit à pleurer encore, quand arriva l'heure de remercier son ami. L'ours, de sa grosse voix, lui dit :

— Mais non. Ne recommence pas. Mais non, ça va ; pas de pleurs ; un lièvre, ça pleure tout le temps. Bonjour. Sois brave. Je suis ton ami, petit malheureux ; nous nous visiterons. Je suis heureux, alors je rends service, c'est tout. Demain, à la fête, bois à ma santé.

Et longtemps après que l'ours fut parti, Pressé, immobile, était encore là sur une roche à regarder fièrement, avec ses yeux mouillés, dans la direction de cet énorme dos poilu qui s'en allait en saluant la nature à droite et à gauche.

Le petit, ému, se murmurait :

— Ah, lui !

Il ne pouvait en dire davantage.

Prestement il descend chez lui, le regard clair, les oreilles droites, salue sa famille du bout de la patte comme un héros, appelle son frère dans un coin et lui dit calmement, comme parlent les braves :

— Ta commission est faite.

— Pardon ? fait le frère.

— Ta commission est faite, répète Pressé.

— Quelle commission ?

— Tu m'avais dit d'aller au Désert brûlé ?

— Ah, oui. Tu y es allé ?

— J'en arrive.

— Ils viendront, les parents ? demande l'aîné.

— Ils hésitaient à cause du renard, réplique Pressé, mais ils viendront. Demain matin, au petit jour, ils feront un cercle de plusieurs milles pour contourner le bois et seront ici au coucher du soleil.

— Alors, le renard ?

— Quoi ?

— C'est vrai ? Il y en a un ?

— Oui. Un vieux cousin s'est fait courir ; demain il te racontera ça, dit Pressé machinalement.

L'autre s'agite :

— Mais toi, par où as-tu passé ?

— Par le bois.

— Pressé, tu es fou ? Tu risquais ta vie !

— Que veux-tu, les ordres!

— Seul ?

— Les ordres, que veux-tu !

— Étais-tu seul ?

— Il faut bien obéir ; moi, on me dit : va là, j'y vais.

— Je te demande si tu étais seul.

— Seul ? Non.

— Qui t'accompagnait ?

— Un ami.

— Qui ?

— Un ours.

— Ah !

Le frère aîné tombe. Pressé s'approche de lui, le ramasse, le gratte derrière les oreilles.

— Frère, écoute ! L'aîné qui est sans connaissance ! Relève-toi. Une gorgée d'eau, s'il vous plaît ; Peureux est sans connaissance ! Écoute, c'est moi, Pressé, le benjamin. Ouvre tes yeux. Je ne voulais pas t'effrayer.

Il lui palpe le front :

— Comme il est faible. Ce doit être la fatigue.

Peureux entrouvre les paupières.

— Ça va mieux ? En tout cas, n'en parlons plus. Tous les parents seront à la fête demain, voilà le principal. Les vieux seront contents, et l'on dansera, et moi je chanterai. J'ai des santés de promises. Ma belle sera là. Nous serons gais. Vivent les grands-parents !

Ah, si l'on s'amusa ! Ah, le plaisir ! Les naïves danses autour des sapins, et les sauts en longueur et en hauteur, et les défis à la course et les félicitations, et les festins et les bravos, et les deux vieux assis sur un lit de cèdre au milieu, qui pleuraient en grignotant des pelures de patates ! Quel succès ! Quel triomphe ! Jusqu'au soleil couchant qui s'arrêta entre deux gros arbres pour illuminer la fête et lancer des éclairs dans les yeux des jeunesses ! Quelles noces inoubliables !

Et Pressé qui fut porté en triomphe, qui dut raconter cent fois son voyage avec le colosse de la forêt. Il s'y prêtait humblement, mais aussi souvent qu'on le lui demandait. Ses longues oreilles n'en finissaient pas d'avaler des compliments. Quel coucher de soleil ! Quel échange de fraternité incomparable !

Puis, le soir tomba là-dessus. On s'endormit, un peu à la bohème, en rêvant aux cœurs de trèfle rouge qui se balancent dans la brise.

Les jours passèrent. Longtemps après, on parlait encore de la fête.

Depuis son aventure, Pressé n'avait pas revu son ami Poilu. Il s'en ennuyait parfois, restait seul sur la roche et regardait.

Un jour, il décida de le retracer. Avec l'aîné, il discuta de l'itinéraire. Il parla si bien de son projet, qu'un beau matin, Peureux et Pressé partirent courageusement, bien résolus à trouver l'habitation de l'ours.

Ils cherchèrent toute une journée dans des endroits où jamais auparavant ils n'étaient venus. Rien. Ni traces, ni indices, ni personne pour les renseigner que des oiseaux moqueurs. Fallait-il s'en retourner ? Le plus vieux commençait à regretter d'être venu.

Il devait être cinq heures de l'après-midi lorsque soudain Pressé eut un hoquet. Ses oreilles devinrent longues, ses yeux s'emplirent de larmes, le souffle lui manqua :

— Ah ! fit-il.

— Qu'as-tu, Pressé ? Mon Dieu ! Qu'as-tu ? Parle, lui dit son frère. Qu'est-ce qui arrive ?

— Là! Regarde... C'est lui.

En effet, Poilu couché sur ses pattes, le museau par terre, les yeux à demi fermés, semblait perdu dans une méditation de roi de montagne. Il ne bougeait pas ; il ne semblait pas sentir la présence des deux petits lièvres qui, à trente pieds de là, très humblement courbés, offraient en pleurant leurs timides hommages.

— Viens, approchons, dit Pressé.

— J'ai peur !

— C'est mon ami, se répétait le plus jeune pour se rassurer.

— Et si par hasard il avait perdu la mémoire ? demanda Peureux.

— Donne ta main.

— Quel colosse !

— Tu vas voir. C'est bête, j'ai des boules dans la gorge.

— Parle-lui d'ici, suggéra l'aîné.

Pressé obéit.

— Bonjour, monsieur Poilu ! Approchons. Bonjour, monsieur Poilu ! Vous vous souvenez de moi ? Je vous présente mon frère. Fais un salut, Peureux. Nous venons de loin exprès pour vous visiter. Lui, c'est mon frère. Je me nomme Pressé. Me reconnaissez-vous ?

— Hummmm ? grogna l'ours sans bouger.

— Pressé, le lièvre du Désert brûlé...

— Quoi ? fit l'ours.

— Mon Dieu !

Peureux frémit ; son frère essaya encore de se faire reconnaître :

— Celui qui...

— Mais oui, mais oui, approche, dit l'ours en ouvrant les yeux. Venez. Mais oui. Viens.

Les deux petits lièvres s'avancèrent.

— Nous vous dérangeons ? commença Pressé.

— Du tout. J'y suis. Pressé. C'est bien, approche, commanda Poilu.

— Mon frère, dit Pressé en présentant Peureux.

— Bonjour, petit. Asseyez-vous. Venez près, je n'entends pas bien aujourd'hui ; j'ai la tête qui me résonne de toutes sortes d'échos de jeunesse ; je repassais ma vie. Asseyez-vous.

Les lièvres s'approchèrent.

— Nous venons vous voir, déclara fièrement Pressé.

— Quels braves petits vous êtes, dit l'ours avec gratitude. Qui vous accompagne cette fois ?

— Personne.

— Petits malheureux ! Et les dangers de la route ?

— Nous avons risqué.

— Voilà qui est beau, risquer pour moi. Merci.

— Parce qu'un jour, vous aviez risqué pour moi vous aussi.

— N'en parlons plus. Ce n'était pas malin, ce que j'ai fait. Je n'ai qu'à souffler de l'air dans mes narines et les renards s'enfuient en hurlant. C'est gentil d'être venus me voir, spécialement aujourd'hui, parce que demain je serai parti.

— Nous tombons juste, dit en riant Pressé.

Et il questionna :

— Où allez-vous, demain ?

— Oh, un long voyage. Je pensais partir aujourd'hui, mais on m'a donné une journée de plus.

— Qui ? demanda Pressé. Vous avez donc un maître ?

— Oui, fit l'ours immobile.

— Je croyais qu'un roi n'avait pas de maître, murmura le lièvre.

L'ours fit un silence, regarda par terre et, très sérieux :

— Il n'y a pas de rois ici. Nous sommes tous d'impuissants petits agités que l'orgueil boursoufle... Dis-moi, as-tu encore peur de vivre ?

— Oui, monsieur Poilu, avoua humblement Pressé.

— Il ne faut pas avoir peur de vivre !

Branlant la tête, il lança brusquement :

— Dis à ton frère de ne pas rester les pieds l'un devant l'autre, prêt à dégringoler ; c'est me faire insulte. Vous êtes mes amis. Un ours ne ment jamais.

Peureux obéit rapidement et murmura :

— Merci, monsieur. Je vais m'asseoir.

— Comment t'appelles-tu, toi ?

— Peureux.

— Je n'aime pas ton nom.

— Ni moi, monsieur.

— Il faudra que tu le changes.

Et à Pressé il demanda :

— Comment ça va, chez vous ?

— Très bien, monsieur Poilu.

— Le renard ?

— Il n'est jamais revenu dans le bois depuis que vous y êtes passé.

— Tant mieux.

— Nous avons eu une belle fête, le fameux soir ! Un succès !

— Les grands-parents étaient heureux ?

— Ah ! Si vous les aviez vus! cria le petit lièvre.

Et, gravement, Poilu dit :

— Il faut le plus possible faire plaisir à ceux qui sont vieux ; vous êtes de braves petits. Il fait beau, n'est-ce pas ? C'est le plus beau couchant que j'aie vu de ma vie, et j'en ai vu plusieurs ! Pressé, tu vas à ton tour me rendre service.

— C'est un honneur, monsieur.

— Tu vas aller chez moi dans la souche. Tu n'as qu'à suivre mes traces ; c'est à deux milles, droit vers le soleil. Quand tu seras arrivé, tu prendras deux petites branches, tu les mettras en forme de croix, et tu les piqueras dans l'entrée.

— En croix ?

— Oui. Pour signifier aux autres ours qui passeront par là que je suis parti.

— Mon frère et moi, nous ferons ce que vous dites, promit le plus jeune des lièvres.

— C'est tout, dit l'ours. Maintenant j'ai sommeil ; la tête me bourdonne.

— Vous êtes malade ?

Les deux petits lièvres s'inquiétaient.

— Tout à l'heure, quand le soleil sera en bas, je serai guéri.

— Pouvons-nous faire quelque chose ? demanda Pressé.

— Non, fit Poilu. C'est gentil d'être venus me voir. Merci. Un mot encore. Les savanes sont à vous, allez de l'avant ! Un jour vient où il faut rendre compte de sa vie. Le difficile n'est pas de mourir...

Il ferma les yeux lentement, coucha son museau sur la terre, poussa un grand soupir qui souleva des petits grains de sable. Ce fut tout.

— Monsieur Poilu ! cria Pressé.

— J'ai peur ! Il ne bouge plus, dit Peureux en reculant.

— Monsieur Poilu !

— Pressé, allons-nous-en, j'ai peur !

Pressé s'était approché de son ami. Il souffla très bas à son frère :

— Il est mort ! Ah ! Regarde !

— Mon Dieu ! fit l'autre, troublé. Du sang !

— Ici, là, tout le long, dessous! continua Pressé.

Peureux fit le tour de Poilu :

— Du sang ! Ici une grande plaque.

— Regarde ! gémit Pressé, regarde ! Sa patte est prise dans des mâchoires de fer ; vois l'acier et la chaîne comme un serpent dans l'herbe !

— Un piège ?

L'autre était stupéfié.

— Oui ! Il était dans un piège !

— Il était dans un piège ! répéta Peureux, interdit.

Ils se regardèrent troublés, malheureux d'être si petits, fâchés contre la solitude.

Pressé, face au silence, dit en cherchant ses mots :

— Comme c'est grand ce qui se passe ici. La forêt devrait frémir ! Et il faut qu'il n'y ait que toi et moi à voir cette merveille ! Hélas ! nous sommes bien trop petits...

— Qu'allons-nous faire ? demanda l'aîné.

Le petit lièvre répondit en s'agenouillant :

— Pleurons, quoi ! Pleurons !

— Il s'en va avec le coucher de soleil ! Pressé, la nuit descend et je n'ai pas peur, cria l'aîné en défiant la forêt.

— Maintenant nous savons bien des choses, répondit l'autre qui priait. Ah ! lui !

Et c'est pourquoi, les nuits d'hiver, quand il y a des coulées de pleine lune sur le verglas, on voit de loin passer des renards qui trottent vers leur gîte, la tête haute, portant au-dessus de la neige, dans leur gueule, des petits lièvres encore vivants, qui ne se plaignent presque pas depuis que l'énorme Poilu leur a appris l'art de mourir.

La vallée des Quenouilles

C'étaient deux beaux chevreuils aux pattes fines, avec de belles attaches bien nouées sous leur poil roux.

Ils venaient souvent le matin au bord d'un vieux rocher, dressaient fièrement la tête et regardaient l'île Vierge, par-delà la rivière Dangereuse.

Lui, qui s'appelait Naseau Noir, disait à sa compagne :

— Si jamais un grand malheur nous frappe, nous irons ensemble là-bas à la nage...

Et il montrait l'île Vierge.

— Nous irons où tu veux, répondait-elle.

— Sous les saules, où jamais les chasseurs ne sont allés, nous nous mettrons à genoux, nous collerons nos fronts l'un sur l'autre...

— Nous ferons ce que tu dis...

— Et puis, nous nous laisserons mourir, ajoutait-il tout bas.

— Je suis prête. Je t'aime.

Les deux chevreuils aux naseaux noirs repartaient follement à travers leur vallée des Quenouilles, en bondissant par-dessus les buissons humides.

Ils dévalaient jusqu'au fin fond du silence, où pousse le thym des montagnes.

Dans les tièdes éclaircies à odeur de pin, ils s'arrêtaient, fatigués de bonheur.

Ce matin-là :

— Arrêtons-nous. As-tu soif ? demanda le chevreuil à sa compagne.

— Non, répondit-elle, heureuse.

— Je connais une source pas loin d'ici.

— Je n'ai pas soif.

— Tu vois la talle de cèdres, c'est en arrière.

— Tout à l'heure.

— Tu penses à quelque chose ?

— Oui.

— À quoi ?

— À notre petit.

Elle regarda autour d'elle :

— Quand il sera prêt à venir au monde, nous viendrons ici.

— Nous reviendrons.

— Ne repartons pas, dit-elle en l'arrêtant. Je veux voir.

— Couche-toi dans la fougère, murmura-t-il.

— Parlons de lui.

— Moi, je vais rester debout pour surveiller. Si nous entendons du bruit, tu ne bougeras pas. Je tournerai. Repose-toi, ma biche, et laissons le temps se promener d'une clarté à l'autre. Serais-tu inquiète ?

— Non.

Elle demanda :

— Afin de conserver mon bonheur, récite-moi la loi des chevreuils encore une fois. Si le danger venait, je veux savoir quoi faire.

— La loi des chevreuils ?

Il récita la loi des chevreuils qu'il savait par cœur :

— Dans un endroit à découvert, passe au grand galop. Dans un endroit couvert : l'immobilité. Marche

174

dans l'eau pour dépister les chasseurs. Descends dans le sens du vent pour flairer les odeurs qui viennent d'en haut. Quand tu entends le cri d'un chevreuil, fuir les endroits faciles et rentrer dans le silence à mesure que le bruit s'approche. La libre pauvreté vaut mieux que l'abondance, où sont généralement les pièges. Voilà la loi.

Réconfortée, elle dit :

— Je serai brave jusqu'à la fin.

— Ne parlons plus de dangers, fit-il gaiement. Crains-tu encore ?

— Non. Tu m'as rassurée.

— Vois comme il fait beau sous le ciel immense. Il y a de la forêt tout le long, jusqu'à la fatigue. La vallée des Quenouilles n'a pas de frontières. Nous sommes bâtis pour l'inaccessible et si le danger vient, nous courrons plus vite que lui ; jamais il ne pourra nous rejoindre. Tu me crois ?

— Oui. En ce moment, je suis la plus heureuse de toutes les biches.

De très loin là-bas, une douce petite voix se mit à chanter :

À la claire fontaine, m'en allant promener ;
J'ai trouvé l'eau si belle, que je m'y suis baigné ;
Lui ya longtemps que je t'aime,

> *[jamais je ne t'oublierai.*

— C'est une mésange, dit Naseau Noir. Elle a le cœur gai.

— Pas plus que le mien... Où est-elle ? J'aimerais la voir.

— Elle est disparue.

— Tiens, la voilà.

Naseau Noir la salua :

— Bonjour, Mésange.

La mésange s'approcha sans craindre.

— Tu chantais ?

— Bonjour, monsieur, madame, dit-elle gentiment. Oui, je chantais.

— Où vas-tu comme ça d'une branche à l'autre ? questionna le chevreuil.

— Par-ci par-là, répondit l'oiseau.

— Que fais-tu ?

— Je ramasse.

— Tu ramasses... quoi ?

— Je cherche des toiles d'araignées, des cocons de chenille, de la mousse, des morceaux de guêpier.

— Pour bâtir ton nid ?

— C'est cela, avoua-t-elle simplement.

— Tu veux qu'il soit doux ? lui demanda Naseau Noir.

— Il ne le sera jamais trop ; et s'il existait quelque chose de plus doux qu'une toile d'araignée, j'irais en chercher.

— À quelle place le fais-tu ?

— Je ne le dis pas.

— Dans la vallée des Quenouilles ?

— Peut-être oui, peut-être non.

— Tu fais bien, mésange, dit la biche, garde ton secret. Es-tu heureuse ?

— Oui, je suis heureuse.

— Reste-le toujours, petite. Je te le souhaite.

— Merci, madame.

Et en chantant *Jamais je ne t'oublierai*, la mésange s'éloigna.

Quand elle fut partie, Naseau Noir dit à sa compagne :

— Je connais quelque chose de plus doux qu'une toile d'araignée.

— Quoi ? fit-elle tout bas. De la quenouille mûre ?

— Non. Devine.

— Des pattes de lièvre ?

— Non. Le cou de ma biche ; mets-le dans mon panache. Fais silence, je vais te bercer.

Et il la berça en disant :

— Il y a les bourgeons qui s'étirent dans l'écorce au printemps, il y a les ruisseaux qui coulent des montagnes, débordent et se mêlent entre les joncs. Il y a l'encens qui sort de terre dans les couchants de juin ; les grands-pères chevreuils qui reviennent au lieu de leurs amours, en septembre. Il y a octobre qui lance des tourbillons de feuilles dans l'air ; il y a des levers de soleil sur la première neige, et les branches qui craquent ; et l'hiver où l'on va rejoindre le troupeau dans la baie discrète.

Puis il s'arrêta.

— Il y a... quoi encore ? demanda la biche.

— Ce qu'il y a de plus beau dans la vie d'un chevreuil, dit-il, c'est marcher dans la montagne par des sentiers neufs et, libre sous le grand ciel, butte après butte, présenter la vie à sa biche.

— Tu es mon cerf bien-aimé, murmura-t-elle en glissant son cou dans le panache où c'était tiède.

— Avais-tu vu la vallée des Quenouilles avant de venir avec moi ?

— Non. C'est toi qui me l'as montrée.

— La vallée des Quenouilles, c'est à moi ; je te la donne.

— Notre vallée. Je la donnerai moi aussi un jour.

— À qui ?

— À lui.

Et il rêva au petit faon.

— C'est bientôt ?

— Oui, bientôt.

— Que de merveilles il me reste à connaître !

— Crois-tu qu'il y a des biches malheureuses ? questionna-t-elle soudain.

— Oui, répondit-il sans hésiter.

— Pourquoi le sont-elles ?

— Parce que... parce que parfois le malheur vient.

— Peut-il venir chez nous ?

— Je ne le permettrai pas.

— S'il venait quand même ?

— S'il venait ?

Il remua les oreilles nerveusement, fixa la roche là-bas.

— L'île Vierge ! Parce que je ne veux pas te voir souffrir, jamais, jamais. Ensemble, à la nage, nous partirons dans le courant froid, pour une traversée sans retour. Aurais-tu peur ?

— Non. J'irais, promit-elle.

De très loin, la mésange chantait : *Lui ya longtemps que je t'aime, jamais je ne t'oublierai.*

— La mésange prépare son nid. On ne la voit plus, dit la biche.

— Le temps est écho, reprit le chevreuil.

— Est-ce déjà la fin du jour ?

— Oui. Et nous aurons de la pluie. Entends-tu les premières gouttes qui tombent ?

— Passons la nuit ici, dans la fougère, veux-tu ? Viens près de moi.

— Tiens, il pleut maintenant. Je sens des gouttes sur mon dos. L'eau est tiède.

Il se pressa contre elle pour la réchauffer :

— Es-tu bien ?

— Oui, murmura-t-elle. La mésange doit être rendue chez elle. Gracieuse petite !

— Demain, nous irons au lac, dit-il, et tout en marchant, je te raconterai des histoires. Demain, les feuilles seront humides et luisantes ; nous nous baignerons dans la rosée ; le brouillard nous cachera comme un voile blanc. Bonsoir. La nuit est venue. Ma biche ?

— Oui ?

— Moi aussi, je pense à lui, dit-il avec tendresse.

* * *

Une fin d'après-midi de soleil, le petit faon vint au monde dans l'éclaircie de silence, où pousse le thym des montagnes.

Les deux chevreuils aux naseaux noirs le présentèrent à leur vallée des Quenouilles. Le petit n'en finissait pas de gambader sa joie.

Il avait la tête, les yeux grands, le museau pointu comme celui de sa mère, les naseaux noirs et humides comme ceux d'un chevreuil de race. Avec ses petits sabots neufs, il piquait la terre, sautait les souches pourries, glissait sur la fougère, courait au-devant des feuilles qui tombaient ; et soudain, le ventre en l'air dans les plaques de soleil, il ruait les herbes en regardant sa mère.

Un matin, tandis qu'il dormait encore et que les fleurs s'ouvraient, le père arriva en trottinant, les oreilles inquiètes, les naseaux questionnant le sud.

Tout de suite la biche se leva, flaira à son tour le malheur qui s'en venait dans le vent.

— Qu'est-ce ? demanda-t-elle fermement.

— C'est grave.

— Des chasseurs ?

— Viens ! Partons. Réveille-le.

— Des chasseurs ? répéta-t-elle.

— Oui.

— J'ai peur !

— Sans bruit, partons.

— Tu les as vus?

— Oui, dans le sud.

— Avec des chiens ?

Il ne répondit pas.

— Tu es prête ?

Elle insista :

— Avec des chiens ?

— Oui.

— C'est cela, le malheur ! Pourquoi ? hélas ! pourquoi ? gémit-elle.

— Il est réveillé ? demanda le chevreuil.

— Oui.

— Suivez. Courage !

— Viens, mon petit faon, viens, dit-elle en s'approchant du petit. Il faut partir. Fuyons. Il faut que tu vives. Courons. Le malheur nous cherche pour nous tuer !

Ils marchèrent dans le bois épais.

— Cache-le ici dans le buisson, commanda le chevreuil avec une voix de chef.

— Rentre, petit.

Et elle poussa son faon à l'abri :

— Fourre-toi bien au fond et ne bouge pas.

— Moi, j'irai au-devant des chiens, dit le chevreuil. Je me laisserai courir. Je vais les égarer au précipice.

— S'ils te prenaient ?

— Ils vont courir longtemps. Toi, veille. Adieu, ma biche.

Et il disparut d'un saut.

— Naseau Noir, cria la mère affolée. Il est parti !
Naseau Noir... Naseau Noir !

*   *   *

Deux heures plus tard, le couple était réuni. Ils étaient tristes tous les deux. La biche pleurait, et Naseau Noir frappait les petits arbres avec son panache.

— Es-tu trop blessée pour marcher ? demanda-t-il à sa compagne.

— Ce n'est pas ma jambe qui me fait mal, répondit-elle.

— Viens. Nous marcherons lentement.

— Je ne veux pas partir.

— Ne restons plus ici. Je maudis la vallée des Quenouilles !

— Mort! Notre petit faon est mort.

— Ne pleure pas. Ça achève. Viens.

— Où allons-nous ?

— C'est l'heure. Passons par le vieux rocher.

— Nous allons... où ?

Tout bas il dit :

— À l'île Vierge ! Puisque la vie ne veut plus de nous, et que nous avons promis. Allons le rejoindre dans la mort.

— J'irai où tu voudras, dit-elle aveuglée de chagrin. Je ne sais plus rien. Notre petit faon est mort !

— Suis-moi.

— Adieu, petit.

— Regarde : un chien éventré ici. C'est toi qui l'as tué ? J'en ai culbuté deux dans le précipice. Allons-nous-en.

— Adieu, mon petit faon.

— Sois maudite, vallée des Quenouilles. Fuyons. Nous traverserons au-dessus d'un rapide. Je sais l'endroit. Après la pruchière. Viens.

Rapidement ils s'éloignèrent de l'endroit du drame. Rendu au bord d'une rivière farouche et rapide, le chevreuil dit :

— Suis-moi, c'est ici ! Tu vois l'île Vierge, en face ?

— Je vois mon petit faon mort dans le buisson, répétait toujours la biche.

— Je passerai le premier. Allons-y. Tu laveras tes plaies dans l'eau, en nageant.

— Je te suis.

Il se jeta dans l'eau en disant :

— Nageons.

Ils nagèrent sans parler, en contournant les roches ; ils touchèrent le rivage à un endroit où il y avait du sable chaud.

— L'île Vierge ! dit le chevreuil en secouant l'échine. Ici nous dormirons.

Sa compagne soupira :

— Hâtons-nous de mourir. Je suis fatiguée !

Ils marchèrent sur le sable, entrèrent dans le bois.

— Ici, il n'y a pas de traces : ni de chasseurs, ni de chiens, ni d'ours, ni de lièvres. Voilà le saule dont je te parlais. Viens dans l'oseille, nous allons dormir.

— Quelle heure peut-il être ? demanda la mère.

— Je sais que le jour est beau, que je le hais, c'est tout, répondit Naseau Noir.

— Je veux mourir en regardant la vallée des Quenouilles. Mettons-nous à genoux.

Il se coucha auprès d'elle et dit :

— Faisons le grand silence. Maintenant, dormons.

Et ils essayèrent de dormir, mais n'en furent point capables.

* * *

— Dans une heure, le soleil sera couché, dit Naseau Noir. As-tu dormi, ma biche ?

— Le sommeil ne veut pas venir, répondit-elle, les yeux collés sur la vallée des Quenouilles.

— Bientôt ce sera la nuit, la grande nuit. Serrons-nous l'un contre l'autre. Attendons. Nous avons promis... Allons dans la mort. Ne faisons pas injure au petit en acceptant de respirer un jour de plus que lui. Je veux que mes gambades finissent avec les siennes. Je sais que demain le ciel sera immense de clarté ; déjà des senteurs de menthe viennent de la vallée pour nous séduire. Si nous avons du cœur, refusons-les. Je ne veux plus souffler. Je ne veux plus vivre. Pourquoi les chiens ne m'ont-ils pas étranglé ? Pourquoi n'est-ce pas la fin du monde ? Je n'admets pas la loi cruelle qui précipite tout dans l'oubli.

Et il piquait le bout de son panache dans l'écorce du vieux saule.

— Mon petit faon est mort ! répétait la mère.

Soudain, très doucement dans l'espace, une voix connue chanta *À la claire fontaine*.

— C'est la mésange, dit le chevreuil sans se retourner.

— On dirait qu'elle pleure. Où est-elle ?

Elle essaya de l'apercevoir.

— Elle a abandonné la vallée des Quenouilles, elle aussi. Tiens, je la vois. Pauvre petite ! Que vient-elle faire sur l'île Vierge ?

La petite s'approchait en chantant toujours : *Jamais je ne t'oublierai.*

— Veux-tu que je lui dise bonjour ? demanda la mère.

— Si tu veux.

— Bonjour, Mésange ! cria la biche.

Mais rien. Pas de réponse.

— Elle n'a pas le courage... dit le chevreuil.

La mère chevreuil s'informa :

— Qu'as-tu petite ?

La petite répondit, toute souffrante :

— J'ai perdu ma couvée dans l'orage.

Les deux chevreuils se regardèrent.

— Quand ça ? demanda la biche.

— Il y a deux jours. Le vent a bousculé mes œufs par terre et les a cassés.

— Que fais-tu ici ? continua de questionner la biche.

— Je cherche des toiles d'araignées, des cocons de chenilles, des morceaux de guêpier et de la mousse. Je commence un autre nid, dit bravement la mésange.

— Tu recommences ?

— Je continue. J'ai eu beaucoup de chagrin. Je suis venue sur le point de désespérer et de maudire. J'ai cherché qui m'avait envoyé l'épreuve ; j'ai découvert que c'était le même qui m'avait créée. Alors je lui ai dit : « Rien sur la terre ne peut consoler ma souffrance parce qu'elle ne vient pas de la terre ; envoyez-moi vite le courage pour que je ne défaille pas ». Et le courage qui ne vient pas de la terre m'est arrivé par le même chemin que l'épreuve.

Le chevreuil se leva respectueusement et dit au petit oiseau :

— Approche-toi, Mésange.

La mésange se détourna.

— Je suis trop laide, je ne veux pas que vous me voyiez ; j'ai eu tellement de peine !

— Viens, descends, ordonna très doucement Naseau Noir.

La petite obéit. Elle vint se poser sur une branche basse du saule, bien en vue des deux chevreuils.

— Tu as perdu ta couvée ?

— Oui, l'orage l'a fracassée sur les pierres.

— Et tu recommences ?

— Vous voyez bien. Il faut qu'il y ait encore des oiseaux dans les bois.

— Tu vis malgré les malheurs ? continua le père chevreuil.

— Si j'étais laissée à ma propre force, je me tuerais ; mais je ne suis pas seule.

— Qui est avec toi ?

Avec son petit bec, la mésange montra le firmament et l'or à pleine couleur dans la direction du couchant.

Les deux chevreuils baissèrent la tête, humiliés.

— Il s'occupe de toi ? demanda Naseau Noir.

— Et des brins d'herbe aussi, déclara l'oiseau. Rien n'arrive sans sa permission.

— Approche plus près.

— Que voulez-vous? Vous m'effrayez !

— Dis-nous : qu'est-ce que la vie?

— Comme vous êtes tristes !

— Nous voulons savoir ce qu'est la vie ?

Naseau Noir souffrait.

— C'est une immense vallée avec des créatures dedans, répondit la mésange du mieux qu'elle put. Tout cela appartient à un maître qui a fait la loi : naître, respirer, vivre et mourir. Cette loi est obligatoire. Vouloir vivre tout seuls, c'est être malheureux parce que nous sommes si faibles ; mais vouloir vivre avec le maître, c'est s'attirer l'amour et être heureux par amour.

— Qui t'a dit tout cela ?

— J'ai prié pour le savoir. Plus on prie, plus il y a de la lumière. L'obscurité, c'est l'orgueil. C'est pourquoi je dis : bouts de soleil ou morceaux d'orages, j'accepte tout ce qu'il plaît à mon maître de m'envoyer. Il n'y a pas de sacrifices, si lourds soient-ils, qui m'empêcheront de chanter dorénavant, parce que le maître a daigné venir avec moi.

— Parle encore de cela, dit le chevreuil.

— Plus la blessure est profonde, plus il faut demander de la force, continua la petite mésange. Et il exauce. Regardez, moi qui ai perdu ma couvée, j'ai envie de vivre... C'est vous dire que je ne suis plus seule. Pourquoi me questionnez-vous comme cela ?

Naseau Noir, avec ses dents, s'arracha du poitrail une pincée de poil roux :

— Prends ceci, fit-il.

— Vous me le donnez ?

— Et moi, je te donne tout cela, dit la biche qui avait aussi arraché de son poil.

La petite était étonnée, ravie !

— Va, mésange, et bâtis, dit Naseau Noir.

— Ce serait trop triste si un jour il n'y avait plus d'oiseaux, ajouta la mère chevreuil avec douceur. Va et bâtis.

— Voyez comme Il m'aime ! s'exclama l'oiseau. Est-ce que je savais que vous étiez ici, et que vous me donneriez un lit pour mes œufs ? Une force me conduisait vers l'île Vierge. Maintenant plus que jamais, je sais que je ne suis pas seule. Que de prières il me reste à chanter ! Merci.

Je cours avertir mon mari qui pleure dans les quenouilles et ne veut plus voir le ciel. Nous aurons le plus beau nid de la vallée. Les autres mésanges nous envieront. Quelle idée j'ai eue de tout lui remettre entre les mains !

Et gaiement elle s'éloigna en reprenant sa chanson.

Les chevreuils restèrent seuls.

— La mésange est partie. À quoi penses-tu, ma biche?

— Je pensais à la même chose que toi.

— Le vent est rempli de menthe et vient de la vallée.

— Qu'as-tu envie de faire ?

— La mésange nous l'a dit.

— Vivre ?

— Retournons dans les quenouilles. Refuser de vivre, c'est beaucoup d'orgueil.

Et, de très loin, ils entendirent la voix qui s'en allait : *Jamais je ne t'oublierai.*

— Crois-tu qu'elle souffre ? demanda le chevreuil.

— Affreusement... Mais elle est plus forte que le malheur, parce qu'elle n'est pas seule.

— À nous aussi il faut un maître, prononça humblement Naseau Noir. Pourquoi avais-je oublié que j'étais une infime petite poussière ?

— La religion de la mésange sera la nôtre, déclara la biche.

Puis plus bas :

— J'ai une grande joie à t'apprendre.

— Tu me parles déjà de joie ?

— L'an prochain, nous aurons un autre petit.

Il bondit sur ses pieds et s'écria :

— Que faisons-nous ici ? Rebroussons chemin.

— Que soit bénie la gracieuse mésange ! fit la biche en se levant. Ce soir, nous irons dormir dans l'éclaircie où ça sent la gomme de pin.

— Pardonne-moi de t'avoir amenée ici.

— C'est oublié. Dans la vallée des Quenouilles, les merveilles sont innombrables.

— Tandis qu'il reste encore de la lumière, partons.

Les deux chevreuils, l'un derrière l'autre, s'enfoncèrent joyeux dans les misères du chemin.

Le Patriote

Depuis le commencement du monde, tout marchait très bien dans la forêt. Le Créateur avait dit : « Croissez, gagnez votre vie et retournez au néant ». Et les animaux obéissaient joyeusement. Ils savaient la loi, la respectaient.

Dans toutes les tribus, les bêtes du bon Dieu s'en allaient tranquillement avec leurs mœurs respectives. Elles naissaient, vivaient et mouraient en se passant leurs coutumes d'une génération à l'autre.

Si elles étaient heureuses, c'est parce qu'elles profitaient du bonheur qu'il y avait sur place. Elles réglaient leurs disputes en famille, corrigeaient les indisciplinés, récompensaient les méritants et chantaient les beautés de leurs immenses domaines.

On admirait les fourmis qui réussissaient l'art difficile de creuser des galeries souterraines ; on reconnaissait aux castors un génie d'architecte ; on donnait crédit aux oiseaux pour leurs ailes et leurs belles voix ; on saluait l'ours avec respect à cause de sa puissance ; on s'inclinait devant la grâce des biches.

On se moquait bien un peu de l'étourderie des lièvres, des colères des écureuils, de la cuisine des corbeaux, mais sans malice.

Et puis on riait de la gaucherie des tortues, des ruses du renard, de la crédulité des chèvres et de l'affectation de la grenouille, mais toujours sans malice.

Partout, des grasses vallées aux sommets des monts chauves, on vénérait le chef : un grand orignal solitaire et majestueux, qu'on avait surnommé le Patriote, à cause de son amour de tout ce qui l'entourait. On le voyait souvent réfléchir au bord des grandes rivières. Plusieurs disaient : « Il regarde passer l'histoire ». On le vénérait, parce que souvent aussi il avait confondu ceux qui avaient voulu séduire sa race.

La vie continuait, calme, forte, virile, depuis des siècles et des siècles, dans ce domaine inépuisablement riche, sous l'immuable soleil.

Quand on rencontrait un aïeul-perdrix avec ses ailes effrangées, ou un vieillard-loup pris de rhumatisme, on lui cédait le chemin comme il se doit.

Oui, dans ce temps-là, on vivait heureux !

On vécut heureux jusqu'au jour où un événement extraordinaire déclencha dans la forêt une sorte de révolution qui faillit perdre plusieurs tribus d'animaux.

Des hommes vinrent dans les bois, un beau matin, avec des outils, des fils, des échelles et des cordes. Ils plantèrent de drôles d'arbres sans écorce, tirèrent des ficelles d'acier et s'en allèrent.

Là, en pleine forêt vierge, chez les animaux pacifiques, les hommes avaient installé une ligne de téléphone.

La pie curieuse découvrit l'invention avant tous les autres. En furetant au-dessus du sentier des gardes-feux, près du lac des castors, elle aperçut le fil et les poteaux.

Elle s'en approcha en faisant, comme une commère : « Tiens, tiens, tiens, du nouveau, du nouveau ! »

Sans réfléchir, elle sauta sur le fil et, le bec entre les pattes, écouta... « Tiens, tiens, tiens ! »

Fière de sa découverte, elle bondit de joie. À la course elle s'en fut semer la nouvelle à travers le pays.

D'une éclaircie à l'autre, on la vit se promener étourdiment, cabaler, jaser, faire des discours partout où il y avait des animaux.

« Suivez-moi, c'est par ici, suivez-moi. J'ai trouvé une chose extraordinaire. Les dieux sont chez nous, venez, venez ! »

Elle bavardait du matin au soir, attirant, appelant, hélant tout le monde, les invitant à s'approcher de l'invention merveilleuse.

Après quelques jours de ces harangues qu'elle savait fort bien tourner, on vit des animaux, intrigués et curieux, se hasarder timidement en direction de la ligne téléphonique, puis étirer la tête craintivement, la coller sur le poteau, écouter un instant, reculer, se scandaliser... et recommencer.

Des douzaines d'oiseaux passaient des heures entières juchés sur les messages.

On se répétait les farces entendues, on imitait les hommes et on oubliait de travailler.

Un peu plus tard, on vit des lièvres furtifs, l'oreille bien appliquée au bas des poteaux, suivre régulièrement en cachette les conversations des hommes.

Et il fonctionnait jour et nuit, ce téléphone ! Pour les uns, il devint le sport à la mode ; pour d'autres, une farouche passion.

Des castors, qui charroyaient du bois sur le lac, s'arrêtaient parfois et venaient par groupes écouter à leur tour.

Des colonies entières de fourmis se mirent à se balader sur le poteau afin de ne pas perdre un mot de ce que disait l'installation magique. Des rats musqués établirent demeure tout près de là.

On vit même une vieille maman-chèvre laisser sa montagne, un après-midi et, sans tâtonnement ni manière, coller son oreille au poteau.

« Pourquoi pleures-tu ? » demandait-on au rossignol. Et il répondait : «On dit que les hommes chantent mieux que moi ! »

Alors, qu'arriva-t-il ? Le Patriote s'aperçut de tout cela.

Un soir, il convoqua un congrès d'animaux, près d'une rivière cachée. Debout, branlant le panache, il dit :

— Mes amis, mes petits, voyons! Qu'est-ce qui arrive ? Les oiseaux ne chantent plus depuis quelque temps ; les fourmis ont abandonné la terre ; les castors laissent leurs chantiers ; les lièvres passent des nuits blanches. J'ai appris que chez les renards, les mœurs sont devenues libres. Jusqu'à messieurs les loups qui veulent se moderniser et imiter les voix humaines. Qu'est-ce qui arrive ? Où est la paix de jadis ? Il paraît que certaines jeunesses-oiseaux veulent former des clans ici ? Que pensez-vous du passé aux joies simples, qui vous regarde et vous juge ? Allez-vous copier une vie que vous ne connaissez que par ouï-dire ? On essaie de vous convaincre qu'il existe sur terre un régime sans pauvres et sans malheureux ? Ne croyez pas cela. Ne croyez pas aux paradis sans effort. Restons nous-mêmes. Je ne veux pas d'imitateurs dans le pays. Ne vous laissez pas corrompre par les clinquants et les coups de trompettes, et les grands tapages qui annoncent les grands vides. Les choses qui ont une valeur ne font pas de bruit. Allez. Jeunes filles, gardez la pudeur ; fuyez les trucs qui vous enseignent à ne plus rougir. J'ai fini. Allez. Et je veux être obéi.

Au retour de cette grande assemblée en plein air, la pie, du bavardage plein la bouche, disait à un petit geai bleu, au chapeau sur la tête :

— Il est vieux, le bonhomme, ne trouves-tu pas ?

— Pardon ?

— Je te dis que le bonhomme est vieux jeu. Il n'a pas raison. Es-tu gêné de dire comme moi ?

— Oui.

— Tu as entendu le téléphone ?

— Oui.

— Qu'est-ce que tu en penses ?

— C'est compliqué.

— Mais c'est amusant. Dis le fond de ta pensée. C'est bien, c'est très bien ?

— C'est rusé.

— Idiot ! Les hommes maîtrisent l'espace, se rient du temps. Quels génies ils doivent être !

— Je ne sais pas.

— Quoi, tu ne sais pas ? Endormi que tu es ! Secoue-toi, décoiffe-toi ; admets que ces peuples sont d'audacieux débrouillards qui ont défié les éléments et les ont vaincus. Mon avis est qu'ils ont trouvé la recette pour tuer le malheur.

— J'aime mieux la simplicité. Les choses que tu me dis m'effraient ; j'aime mieux ne pas les connaître.

— Tu me dégoûtes, geai bleu ignorant !

— Vois, tu me dis des bêtises ! Avant, tu ne me disais pas de bêtises. Nous étions deux amis.

— Fini, fini. Je change. Va dans tes trembles sensibles et reculés. Moi, je vais m'instruire au fil.

— Ah ! Comme c'est triste ! Et nous étions deux amis.

La pie, quittant brusquement son ancien copain, fila vers le perchoir défendu.

Malgré les remontrances du chef, plusieurs autres animaux continuèrent de se nourrir de verbiage au lieu de travailler.

Un avant-midi, en grande confidence, l'orignal fit venir dans sa demeure cachée un oiseau de proie, un aigle jaune aux yeux creux et au cou râpé. Il lui dit :

— Aigle, je t'envoie en mission.

— Où vous voudrez, maître.

— Va chez les hommes. Regarde, observe et reviens dire à la population si vraiment ils sont heureux.

— J'irai, maître.

— Va !

L'aigle battit ses grandes ailes sur ses flancs maigres.

Se guidant sur le fil téléphonique, il arriva chez les hommes.

L'orignal attendit longtemps le retour de l'émissaire. Mais le grand aigle ne revint pas.

Dans la forêt, c'était le désordre, la révolte, l'insouciance, l'oisiveté et le scandale.

Un matin, les animaux, étourdiment à l'écoute sur la ligne de téléphone, furent soudain terrifiés par un bruit formidable qui courait dans l'invention ; le fil tremblait, secoué à droite et à gauche comme une chose vivante qui lutte et se débat. Puis, il se fit un grand silence ; plus rien. La ligne était détraquée quelque part. Les animaux, interloqués, se regardaient comme des enfants devant un jouet cassé.

En vitesse folle, rasant la crête des arbres, le geai parut, frémissant de rage et de dégoût, le chapeau de travers sur la tête. Il pleurait et s'arrachait les plumes. À la population volage il cria de toutes ses forces :

— Dégoûtants sujets ! Écoutez-moi. Vous n'entendez plus vos messages ? Savez-vous ce qui est survenu ? Une catastrophe ! J'ai vu.

L'un de nous a livré un combat au fil, pour vous racheter. L'un de nous... c'est épouvantable... Écoutez-moi, je n'ai pas le cœur à crier. Les arbres de la forêt sont encore tout tremblants de colère. Écoutez la chose abominable que vous avez faite... Patriote est mort !

Et durant les quelques secondes qui suivirent, l'écho répétait : « Patriote est mort ! »

— Je dis que vous avez tué notre chef, notre phare, notre défenseur, le rocher où venaient se briser les doctrines savantes et menteuses. Celui qui confondait les séducteurs est mort.

— Qu'est-ce que tu dis, toi ? firent plusieurs animaux en reculant, effrayés !

— Le grand orignal n'est plus ! continuait Geai bleu en gémissant. Depuis plusieurs jours, il était invisible, retiré dans les profondeurs des monts, fouillant le passé pour trouver remède au présent, suppliant le silence de lui souffler une inspiration, un moyen, qui vous relèverait de l'oubli où vous êtes tombés.

Ce matin même, il est parti sans adieux à personne ; il s'est rendu sans témoin où le fil passait, dans un endroit désert et sans route.

Dans son panache, il a roulé le fil comme on roule une tige de vigne, et il arraché l'objet qui vous souillait. Mais il est mort ! Le fil d'acier s'est entortillé dans ses bois, dans son cou, sur son museau, dans ses pattes, partout.

La civilisation que vous trouvez si belle, si amusante, l'a ligoté et l'a étouffé. Il est mort ! Sur une distance de cinquante pieds, les arbres sont tombés, la terre est bouleversée comme après le tonnerre ; ses sabots ont crevassé le sol. Mes yeux ont vu ce que je viens de vous raconter.

Il gît à un mille d'ici environ, étendu, mort, le panache en sang, le cou pelé par l'acier, le museau déchiré.

Comprenez-vous ?

Qui maintenant éclairera nos nuits, puisque le flambeau est éteint ? Qui démasquera les ennemis, démêlera les problèmes, nous rappellera la loi ? Qui réglera nos conduites, distribuera nos travaux et récompensera nos mérites ? Vous avez tué le chef. Patriote est mort !

Moi, je m'en vais dans les profondeurs. Adieu, fidèles imitateurs. Vous me dégoûtez, copieurs ! Vous ne chantez plus ; vous ne travaillez plus ! Racontez-vous des histoires drôles. Ne me cherchez plus !

Les loups et les biches, les renards et les ours, les castors et les oiseaux étaient stupéfiés !

La pie avait ravalé ses bavardages et, debout sur ses pattes fines, commençait à songer à la fuite. Un chat sauvage grimpa derrière elle, dans l'arbre où elle se tenait, et la saigna d'un coup de dent.

Tous les animaux, abattus et pleurant, se rendirent au lieu du drame. Patriote, étranglé par le fil qui serrait encore, était étendu, mort. Les animaux, consternés, se frappaient la poitrine. Plusieurs montaient entre les rochers sauvages, ou se lançaient dans les rivières pour cacher leur honte.

À la fin, ils libérèrent leur maître bien-aimé. Un ours géant, aidé de ses fils, enlaça le Patriote dans ses bras velus et, suivi de toute la foule d'animaux, l'emporta jusqu'à la rivière cachée et tranquille où le défunt avait l'habitude de regarder passer l'histoire.

Des loups aux griffes dures creusèrent une fosse dans le rivage. On l'enterra. Les castors travaillèrent une croix avec des branches de frêne. Un pic-bois écrivit dessus : *Patriote*.

Durant plusieurs nuits, on veilla le corps du grand solitaire.

La vie reprit comme auparavant, mais pesante comme un deuil.

Un matin, bien après cette triste histoire, les habitants de la forêt aperçurent dans le fond de l'infini un aigle gras et bien emplumé qui planait en rond. Ils reconnurent leur ami d'autrefois, parti depuis si longtemps. L'aigle descendit lentement, frôla la terre et, sans atterrir, ricana ces mots :

— Si quelques idiots d'entre vous sont affamés, qu'ils viennent chez les hommes, nous sommes bien nourris !

Et il disparut vers les capitales lointaines où c'était la guerre, en claquant ses grandes ailes couleur de soleil.

Pas un des animaux ne bougea.

Avec terreur, ils regardèrent s'éloigner l'oiseau de proie. Puis ils se rendirent tous en procession à la tombe de Patriote, comme pour éloigner un malheur.

Et l'ours géant, qui avait pris la conduite du pays, répéta par cœur la doctrine de son chef :

— Mes amis, vivons simplement comme jadis. Chantons notre forêt. Ne croyons pas aux paradis sans effort, mais plutôt aux paradis du travail. Jeunes filles, gardez la pudeur, fuyez les recettes qui vous enseignent le truc infâme de ne jamais rougir. Allez, soyez simples.

Et des biches gracieuses, et des jeunes mamans alouettes, après le départ des autres, restèrent agenouillées près de la rivière tranquille où dormait le grand orignal.

Elles offraient leurs petits au défunt et demandaient la force d'aimer leur forêt comme lui l'avait aimée.

Chronologie

1914   À La Tuque, le 2 août, naissance de Félix Leclerc, de Léo Leclerc, commerçant de bois, l'été, et de grains, l'hiver, et « faiseux de villages », et de Fabiola Parrot, d'ascendance jurassienne. Il est le sixième enfant d'une famille qui en comptera onze.

1920-1931   Études primaires chez les Frères Maristes à La Tuque. Études secondaires au Juniorat du Sacré-Cœur à Ottawa.

1931-1932   Première et deuxième années collégiales à l'Université d'Ottawa (Belles-Lettres et Rhétorique).

1934-1937   Annonceur à la station radiophonique CHRC de Québec. Suit des cours de guitare de Louis Angellilo.

1937   Annonceur à la station radiophonique CHLN de Trois-Rivières. Écrit et réalise ses premiers sketches radiophoniques.

1939   Rencontre Guy Mauffette. Entre à l'emploi de Radio-Canada. Interprète sa première chanson sur les ondes, « Notre sentier ». Participe à plusieurs émissions à titre de comédien, dont la série « Vie de famille » d'Henry Deyglun et dans «Un homme et son

	péché» de Claude-Henri Grignon, dans le rôle de Florent Chevron.
1941	Présente à la radio d'État la série « Je me souviens ».
1942-1945	Membre de la Compagnie les Compagnons de Saint-Laurent.
1943	Publie *Adagio*, contes qu'il avait lus sur les ondes de Radio-Canada.
1944	Publie *Allegro* et *Andante*.
1945	Nouvelle série d'émissions à la radio: «L'Encan des rêves».
1946	Premier séjour dans l'Île d'Orléans (juin-octobre). Écrit *Le Fou de l'Île*. Publie *Pieds nus dans l'aube*, en décembre.
1947	Création de *Maluron* par les Compagnons de Saint-Laurent.
1948	Fonde, avec Guy Mauffette et Yves Vien, une compagnie théâtrale, le V.L.M. Création du *P'tit Bonheur*, le 23 octobre.
1949	Publie *Dialogues d'hommes et de bêtes*, en mai.
1950	Se produit à l'ABC de Paris. Consacré vedette internationale.
1951-1953	Tournée en France, puis dans plusieurs pays d'Europe et du Proche-Orient. Grand prix du disque de l'Académie Charles-Cros (1951). Publie *Théâtre de village*.
1952	Publie *Le Hamac dans les voiles*.
1953	Retour triomphal à Québec.
1955	Publie en France *Moi, mes souliers...* Soixante-dix représentations en Suisse du *P'tit Bonheur*, par la Compagnie du Faux-Nez.

1956	Création de *Sonnez les matines* par le théâtre du Rideau Vert. Écrit un téléroman pour Radio-Canada : « Nérée Tousignant » (du 6 avril au 28 septembre).
1958	Grand prix du disque de l'Académie Charles-Cros. Publie à Paris *Le Fou de l'Île*.
1961	Publie *Le Calepin d'un flâneur*.
1963	Création, le 24 janvier, de *L'Auberge des morts subites*, au Gesù.
1964	Publie *L'Auberge des morts subites*.
1965	L'écrivain français Luc Bérimont publie un *Félix Leclerc*, dans la collection « Poètes d'aujourd'hui » chez Seghers, à Paris.
1966	Création des *Temples*, le 10 janvier, à la Comédie Canadienne. En novembre, quitte le Québec pour l'Europe.
1968	Publie *Chansons pour tes yeux*.
1969	Retour au Québec. Bâtit une maison dans l'Île d'Orléans.
1972	Projet d'adaptation cinématographique du *Fou de l'Île*, sous la direction de Claude Jutra, avec Jean-Claude Labrecque comme réalisateur et Jean Duceppe comme comédien. Le projet avorte.
1973	Création de *Qui est le père ?* (7 août), au Théâtre de l'Île. Publie *Carcajou ou le Diable des bois*. Pour la troisième fois, Grand prix du disque de l'Académie Charles-Cros.
1974	Publie *L'Ancêtre*, livre d'art illustré par René Derouin.
1975	Prix Calixa-Lavallée (1975) de la Société Saint-Jean-Baptiste de Montréal et médaille *Bene Merenti de Patria*.

1977	Prix Denise-Pelletier (Prix David), décerné par le Gouvernement du Québec et le ministère des Affaires culturelles. Publie *Qui est le père ?*
1978	Publie *Petit Livre bleu de Félix ou le Nouveau Calepin du même flâneur*.
1979	Il accepte de prêter son nom aux trophées remis annuellement par l'Association de l'industrie du disque et du spectacle québécois (ADISQ). Sortie de l'album triple *Chansons dans la mémoire longtemps*, Polydor 2675194, avec livret de photos.
1980	Médaille d'argent du Mouvement national des Québécois. Se prononce officiellement pour le « Oui » au Référendum du 22 mai.
1982	Reçoit un doctorat honorifique de l'Université du Québec (11 juin).
1983	Prête son nom à une salle de spectacle à Montréal. Gala-hommage au Théâtre Félix-Leclerc et création de la Fondation Félix-Leclerc (11 septembre). Parution du *Choix de Félix dans l'œuvre de Félix Leclerc*.
1984	Publie *Rêves à vendre ou Troisième calepin d'un même flâneur*. Nommé membre d'honneur de l'Union des écrivains québécois.
1985	Reçoit l'Ordre national du Québec (26 juin), à titre de Grand Officier.
1986	Reçoit à Québec, le 10 mars, la décoration de Chevalier de la Légion d'honneur du Gouvernement français des mains du consul Renaud Vignal.

1987	Parution de la biographie de Jacques Bertin, *Félix Leclerc, le roi heureux*, Paris, Arléa, 1986, 315 p.
1988	Le 8 août, il meurt subitement dans son île où il est inhumé trois jours plus tard dans la plus grande simplicité.
	Publication du *Dernier Calepin* (octobre). Grand Prix Radio-Mutuel de la chanson québécoise décerné par vote populaire.
1989	Parution de *Les adieux du Québec à Félix Leclerc* (Montréal, Les Presses Laurentiennes, 1989, 165 p.) et d'un album de Fernand Labelle, *À la recherche de Félix Leclerc* (texte de Claude Jasmin, vingt-quatre tableaux de Fernand Labelle, Montréal, Publications Transcontinentales Inc., 1989, 70 p. abondamment illustrées et de la biographie de Jean-Paul Sermonte, *Félix Leclerc, roi, poète et chanteur*, Monaco, Éditions du Rocher, 1989, 155 p., ill., portr.).
	Parution de *L'Intégrale* (coffret de six disques audionumériques) réunissant les disques Philips CD-838.072 à 838.077, Philips, 838-071-2.

(Chronologie établie par Aurélien Boivin)

Du même auteur

Adagio, contes. Montréal, Fides, 1943, 204 p.

Allegro, fables. Montréal, Fides, 1944, 195 p.

Andante, poèmes. Montréal, Fides, 1944, 158 p.

Pieds nus dans l'aube, roman. Montréal, Fides, 1946, 242 p.

Dialogues d'hommes et de bêtes, théâtre. Montréal, Sao Paulo, Paris, South Bend, Fides, 1949, 217 p.

Théâtre de village. Montréal et Paris, Fides, 1951, 190 p. (Collection Rêve et Vie).

Le Hamac dans les voiles. Contes extraits d'*Adagio*, *Allegro* et *Andante*. Montréal et Paris, Fides, 1952, 141 p.

Moi, mes souliers... Journal d'un lièvre à deux pattes. Préface de Jean Giono. Paris, Amiot-Dumont, 1955, 226 p.

Le Fou de l'Île, roman, Paris, Denoël, 1958, 222 p.

Le P'tit Bonheur suivi de *Sonnez les matines*, théâtre. Montréal, Beauchemin, 1959, 153 p.

Le Calepin d'un flâneur, maximes. Montréal et Paris, Fides, 1961, 170 p.

L'Auberge des morts subites, comédie en deux actes. Montréal, Librairie Beauchemin, 1964, 203 p. (collection « Théâtre de Félix Leclerc », n° 3).

Chansons pour tes yeux, poésie. Paris, Robert Laffont, 1968, 120 p.

Cent chansons, poésie. Montréal, Fides, 1970, 255 p. (Collection « Bibliothèque canadienne-française »).

Carcajou ou le Diable des bois, roman. Paris, Robert Laffont et Montréal, éditions du Jour, 1973, 264 p. (Collection « les Romanciers du Jour »).

L'Ancêtre, poème. Châteauguay, éditions Michel Nantel, 1974, 16 p. Illustrations de René Derouin.

Qui est le père ? théâtre. Présentation de Jean Royer. Montréal, Leméac, 1977, 128 p.

Le Petit Livre bleu de Félix ou le Nouveau Calepin du même flâneur, maximes. Montréal, Nouvelles éditions de l'Arc, 1978, 302 p.

Le Tour de l'Île. Illustré par Gilles Tibo. Montréal, la Courte Échelle, 1980, [n.p.].

Le Choix de Félix dans l'œuvre de Félix Leclerc. Notre-Dame-des-Laurentides, Presses Laurentiennes, 1983, 79 p. (Collection « Le choix de... »).

Rêves à vendre ou Troisième calepin du même flâneur. Montréal, Nouvelles éditions de l'Arc, 1984, 250 p.

Table

Introduction 7

Sanctus 19

Dans l'étable 35

Chez les moutons 51

La légende des pigeons 65

Le rival 79

Histoire d'une mouche 93

Drame dans l'herbe 109

Chez les siffleux 121

Chez les perdrix 139

Coucher de soleil 157

La vallée des Quenouilles 173

Le Patriote 189

Chronologie 199

Du même auteur 205

Parus dans la
Bibliothèque québécoise

Jean-Pierre April
CHOCS BAROQUES

Hubert Aquin
JOURNAL 1948-1971

L'ANTIPHONAIRE

TROU DE MÉMOIRE

Philippe Aubert de Gaspé
LES ANCIENS CANADIENS

Noël Audet
QUAND LA VOILE FASEILLE

Honoré Beaugrand
LA CHASSE-GALERIE

Marie-Claire Blais
L'EXILÉ suivi de
LES VOYAGEURS SACRÉS

Jacques Brossard
LE MÉTAMORFAUX

Nicole Brossard
À TOUT REGARD

André Carpentier
L'AIGLE VOLERA À TRAVERS LE SOLEIL

RUE SAINT-DENIS

Denys Chabot
L'ELDORADO DANS LES GLACES

Robert Charbonneau
LA FRANCE ET NOUS

Robert Choquette
LE SORCIER D'ANTICOSTI

Laure Conan
ANGÉLINE DE MONTBRUN

Jacques Cotnam
POÈTES DU QUÉBEC

Maurice Cusson
DÉLINQUANTS POURQUOI?

Léo-Paul Desrosiers
LES ENGAGÉS DU GRAND PORTAGE

Pierre DesRuisseaux
DICTIONNAIRE DES EXPRESSIONS QUÉBÉCOISES

Georges Dor
POÈMES ET CHANSONS D'AMOUR ET D'AUTRE CHOSE

Jacques Ferron
CONTES

Madeleine Ferron
CŒUR DE SUCRE

Guy Frégault
LA CIVILISATION DE LA NOUVELLE-FRANCE 1713-1744

Hector de Saint-Denys Garneau
REGARDS ET JEUX DANS L'ESPACE

Jacques Garneau
LA MORNIFLE

Antoine Gérin-Lajoie
JEAN RIVARD, LE DÉFRICHEUR
suivi de JEAN RIVARD, ÉCONOMISTE

Rodolphe Girard
MARIE CALUMET

André Giroux
AU-DELÀ DES VISAGES

Jean-Cléo Godin et Laurent Mailhot
THÉÂTRE QUÉBÉCOIS (2 tomes)

François Gravel
LA NOTE DE PASSAGE

Lionel Groulx
NOTRE GRANDE AVENTURE

Germaine Guèvremont
LE SURVENANT

MARIE-DIDACE

Anne Hébert
LE TORRENT

LE TEMPS SAUVAGE suivi de
LA MERCIÈRE ASSASSINÉE et de
LES INVITÉS AU PROCÈS

Louis Hémon
MARIA CHAPDELAINE

Suzanne Jacob
LA SURVIE

Claude Jasmin
LA SABLIÈRE - MARIO
UNE DUCHESSE À OGUNQUIT

Patrice Lacombe
LA TERRE PATERNELLE

Félix Leclerc
ADAGIO

ALLEGRO

ANDANTE

LE CALEPIN D'UN FLÂNEUR

CENT CHANSONS

DIALOGUES D'HOMMES ET DE BÊTES

LE FOU DE L'ÎLE

LE HAMAC DANS LES VOILES

MOI, MES SOULIERS

PIEDS NUS DANS L'AUBE

LE P'TIT BONHEUR

SONNEZ LES MATINES

Michel Lord
ANTHOLOGIE DE LA SCIENCE-FICTION
QUÉBÉCOISE CONTEMPORAINE

Hugh McLennan
DEUX SOLITUDES

Marshall McLuhan
POUR COMPRENDRE LES MÉDIAS

Antonine Maillet
PÉLAGIE-LA-CHARRETTE

LA SAGOUINE

André Major
L'HIVER AU CŒUR

Guylaine Massoutre
ITINÉRAIRES D'HUBERT AQUIN

Émile Nelligan
POÉSIES COMPLÈTES
Nouvelle édition refondue et révisée

Jacques Poulin
LES GRANDES MARÉES

FAITES DE BEAUX RÊVES

Marie Provost
DES PLANTES QUI GUÉRISSENT

Jean Royer
INTRODUCTION À LA POÉSIE QUÉBÉCOISE

Gabriel Sagard
LE GRAND VOYAGE DU PAYS DES HURONS

Fernande Saint-Martin
LES FONDEMENTS TOPOLOGIQUES DE LA PEINTURE

STRUCTURES DE L'ESPACE PICTURAL

Félix-Antoine Savard
MENAUD, MAÎTRE DRAVEUR

Jacques T.
DE L'ALCOOLISME À LA PAIX ET À LA SÉRÉNITÉ

Jules-Paul Tardivel
POUR LA PATRIE

Yves Thériault
L'APPELANTE

ASHINI

CONTES POUR UN HOMME SEUL

KESTEN

MOI, PIERRE HUNEAU

Michel Tremblay
LE CŒUR DÉCOUVERT
DES NOUVELLES D'ÉDOUARD
LA DUCHESSE ET LE ROTURIER
LA GROSSE FEMME D'À CÔTÉ EST ENCEINTE
LE PREMIER QUARTIER DE LA LUNE
THÉRÈSE ET PIERRETTE À L'ÉCOLE DES SAINTS-ANGES

Pierre Turgeon
FAIRE SA MORT COMME FAIRE L'AMOUR
LA PREMIÈRE PERSONNE
UN, DEUX, TROIS

Achevé d'imprimer
en février 1994 sur les presses
des Ateliers Graphiques Marc Veilleux Inc.
Cap-Saint-Ignace, (Québec).